UM MINUTO

UM MINUTO

RECUPERE A CRIATIVIDADE, CONQUISTE NEGÓCIOS E ENTREGUE O MELHOR TRABALHO

JULIET FUNT

EDITORA HÁBITO
Avenida Recife, 841 — Jardim Santo Afonso — Guarulhos, SP
CEP 07215-030 — Tel.: 0 xx 11 2397 1019
contato@editorahabito.com.br — www.editorahabito.com.br
/editorahabito @editorahabito

UM MINUTO

Originalmente publicado em inglês sob o título: *A Minute to think*
Publicado com autorização contratual com
HarperCollins Publishers (195 Broadway, New York, NY 10007)

Todas as citações foram adaptadas segundo o Acordo Ortográfico da Língua Portuguesa, assinado em 1990, em vigor desde janeiro de 2009.

Todos os grifos são do autor.

Editor responsável: Gisele Romão da Cruz
Editoras-assistentes: Amanda Santos e Aline Lisboa
Tradução: Maria Emília de Oliveira
Revisão de tradução: Elaine Azevedo
Revisão de provas: Lettera Editorial
Diagramação: Claudia Fatel Lino e Patrícia Lino
Capa: Arte Hábito

1. edição: maio 2022

Dados Internacionais de Catalogação na Publicação (CIP)
(Câmara Brasileira do Livro, SP, Brasil)

Funt, Juliet
Um minuto : recupere a criatividade, conquiste negócios e entregue o melhor trabalho / Juliet Funt ; [tradução Maria Emília de Oliveira]. -- São Paulo : Editora Hábito, 2022.

Título original: A minute to think
ISBN 978-65-84795-05-1
e-ISBN 978-65-84795-04-4

1. Equilíbrio 2. Estresse (Psicologia)
3. Produtividade do trabalho 4. Satisfação no trabalho I. Título.

22-105858 CDD-650.1

Índices para catálogo sistemático:
1. Satisfação no trabalho : Administração 650.1
Maria Alice Ferreira - Bibliotecária - CRB-8/7964

À minha mãe maravilhosa, cujo amor nunca oscilou.
Um beijo carinhoso.

SUMÁRIO

Prólogo: Correndo em direção a lugar nenhum............09

PRIMEIRA PARTE

A cultura da insaciabilidade.....................................15

1. O elemento ausente:
Nosso anseio oculto por espaço.................................17

2. O falso deus do trabalho exaustivo:
Por que o trabalho é tão trabalhoso...........................39

SEGUNDA PARTE

O caminho de acesso ao espaço em branco..........61

3. A pausa estratégica:
Abrindo espaço para a realidade do dia a dia.........63

4. Os ladrões do tempo:
Identificando as forças contra nós...............................91

5. Perguntas simplificadoras:
Eliminando o que sobra para recuperar
o melhor..109

6. Urgência alucinada:
Desligando-se da cultura do agora............................129

TERCEIRA PARTE

Aplicação dos princípios 153

7. A ferramenta que se voltou contra nós:
Derrotando a sombra do *e-mail* 155

8. Como as melhores equipes conversam:
Aprimorando a comunicação 177

9. Reuniões melhores:
Experimentando os benefícios de estar juntos 199

10. A equipe do espaço em branco:
Criando novas normas em conjunto 219

11. A vida longe do trabalho:
Não perca o passeio...243

Epílogo: No sopé da montanha de calcário.................265

Agradecimentos 269

PRÓLOGO: CORRENDO EM DIREÇÃO A LUGAR NENHUM

Tenho um problema com videoconferências. Elas não permitem que eu corrija uma de minhas atitudes profissionais mais necessárias — ficar de boca fechada educadamente enquanto a outra pessoa fala. Não estou brincando. Tenho a mania incurável de interromper a fala de alguém, um hábito que carrego há anos. Não interrompo por indelicadeza; trata-se apenas de um sintoma da velocidade com que meu cérebro funciona.

No decorrer de vinte anos de palestras pragmáticas, um traço característico meu é uma rápida "apresentação" no palco chamada de *Dia Acelerado*. Em velocidade cômica e vertiginosa, faço uma paródia do dia frenético de uma pessoa muito atarefada. A rapidez com que falo surpreende a todos, mas, para mim, é como se meu ritmo interno saísse de dentro de mim.

Ao fazer uma retrospectiva, vejo que, em razão de minha correria, tenho dificuldade para determinar quantas atividades sou capaz de realizar em um dia. Certa vez, durante uma fase particularmente agitada da vida em que eu estava assumindo compromissos em demasia, queimei a parte interna do braço no alisador de cabelos porque, enquanto o usava, tentei colocar simultaneamente a máscara com a outra mão. Depois, na mesma semana de agenda lotada, torci o tornozelo e descobri que a parte da muleta em que eu me apoiava esbarrava diretamente na pequena queimadura, impedindo-me de andar. Fui forçada a cancelar todos os compromissos e deitar-me no sofá, sem fazer nada. Lembro-me até hoje da agradável sensação de "abandonar" tudo e ficar sentada por uns tempos.

Como você pode ver, não fui feita para parar um minuto para pensar — nem sequer para fazer uma pausa durante um momento do dia — e *essa é a ironia de toda a minha vida profissional.* Estou sempre à procura das janelas abertas do tempo e as aplaudo em grande parte porque, para mim, são muito elusivas.

No entanto, necessito delas todos os dias. E você também.

A montanha-russa das tarefas que nos põem em movimento nunca nos deixou tão sem fôlego quanto agora. Nosso tempo está sob ataque e a força-tarefa global está tão "frita", que passou a fazer parte da praça de alimentação de uma feira municipal. O lema favorito de uma camiseta descreve perfeitamente nossa vida sobrecarregada com múltiplas tarefas e viciada em telas: "Não tenho patos nem uma fila. Tenho esquilos e eles estão alucinados" (tradução literal).[1]

A solução, descobri, é algo chamado espaço em branco — tempo livre durante o dia para pensar (e respirar, ponderar, planejar, criar). Como você verá, a expressão surgiu quando alguém olhou para os espaços em branco de um calendário de papel e percebeu que aqueles pequeninos espaços — as áreas totalmente vazias — eram o segredo para acrescentar fluidez, paz e criatividade surpreendente ao dia de uma pessoa.

No *design* gráfico, o espaço em branco refere-se à área vazia na página. Em vendas, significa participação em mercado inexplorado. Em nossa empresa, definimos espaço em branco como "tempo sem nenhum compromisso". É o

1 Em inglês, "colocar patos na fila" significa estar bem preparado e organizado para algo que vai acontecer. A referência aos esquilos é porque eles não andam em filas organizadas, mas correm em disparada e sem direção. [N. do T.]

tempo livre, sem programação — longo ou curto, planejado ou improvisado —, ao qual temos acesso quando fazemos uma pausa estratégica nas atividades da vida. A ausência do espaço em branco — e a necessidade dele — está em todos os lugares, para onde quer que eu olhe. A falta do espaço em branco explica por que o *burnout* sempre nos persegue e por que os grandes empreendedores lutam para alcançar o ápice de sua capacidade.

Quando alguém descobre que o espaço em branco é possível, há um suspiro quase audível de alívio. É uma alegria ver esse alguém aceitá-lo com entusiasmo. Tenho tido o privilégio de compartilhar suas maravilhas com centenas de milhares de pessoas, em conversas reservadas, em *workshops* e nos maiores eventos de liderança do mundo. Os que fazem uso dos espaços em branco enviam as mais emocionantes mensagens dos Estados Unidos, da Alemanha, da Austrália e até de Ruanda. E digo aqui também que as pessoas necessitam de espaço mental — *um minuto para pensar*. Dez anos atrás, quando os clientes das grandes empresas começaram a nos pedir ajuda para dimensionar esses conceitos, nossa empresa de consultoria nasceu e começou a trabalhar com marcas como Google, P&G, Vans, Sephora, Nike e Spotify.

Este livro é a sintetização de muitos anos de aprendizado e testes, inclusive horas de levantamento de clientes, pesquisa e observação. Nele você vai aprender conceitos importantes, como medir o custo oculto do trabalho exaustivo e as quatro maneiras de usar a Pausa Estratégica (o caminho para ter acesso ao espaço em branco). Vai encontrar ferramentas práticas como Perguntas Simplificadoras (que o ajudarão a livrar-se do desperdício e reorientar-se a qualquer momento); a Ampulheta (que vai conduzi-lo com suavidade e clareza no decorrer do processo de tomar a decisão de dizer sim ou não); e a Lista Amarela (uma ferramenta que reduzirá drasticamente os *e-mails* e as interrupções).

Na primeira parte, "A cultura da insaciabilidade", você vai encontrar o elemento ausente em nossa vida agitada que vai facilitar o trabalho e torná-lo mais gratificante, e também vai aprender por que não o agarramos com firmeza. Na segunda parte, "O caminho de acesso ao espaço em branco", você vai descobrir um método progressivo que o ajudará a conscientizar-se das forças que o prendem ao trabalho exaustivo e dos hábitos mentais de que necessita para livrar-se delas. E na terceira parte, "Aplicação dos princípios", você será treinado para usar as ferramentas a fim de melhorar a fluidez de seu trabalho, a comunicação com a equipe, as reuniões, os *e-mails*, a cultura da empresa e sua vida fora do trabalho.

Uma observação sobre as histórias apresentadas no livro. Todas as pessoas identificadas com o primeiro nome e o sobrenome são pessoas com quem trabalho, que entrevistei ou que me ensinaram algo, e elas escolheram ser mencionadas especificamente. As mencionadas apenas com o primeiro nome tiveram a identificação alterada por motivo de privacidade ou por ser uma combinação de nomes; no entanto, todos os elementos das histórias são verdadeiros.

Escrevi este livro para pessoas a quem aconselho todos os dias. Ele é dirigido aos gerentes que comem manteiga de amendoim na mesa de trabalho porque a ideia de sair para almoçar parece folclore de outros tempos. É dirigido aos executivos que cancelam as férias durante quatro anos seguidos porque não sabem como saltar de um trem em movimento sem se machucar. E é dirigido aos pais e mães que empurram o balanço com uma das mãos e redigem *e-mails* com a outra porque "tudo é muito importante".

Dedique-se ao espaço em branco, e o trabalho começará a ser mais fácil — menos parecido com dançar com um cortador de grama e mais parecido com colocar ladrilhos em um mosaico. Eu o encorajo fortemente a explorar o conteúdo deste livro na companhia de um colega e em equipes nas quais possam se reunir como embaixadores de espaços em branco que serão como a maré alta que levanta todas as embarcações agitadas.

É hora de promover essa mudança. Neste instante, devemos começar a recuperar a criatividade, conquistar negócios e entregar o melhor trabalho, livrando-nos dos valores da Era da Sobrecarga antes que nos deixem mais esgotados. Somos o Papa-Léguas[2] que acabou de pular do penhasco e ficou pendurado no ar. Ainda é tempo de escolher voltar para o lugar seguro, mas não por muito tempo.

Ainda tenho a tendência de correr e trabalhar em demasia. Mas aprendi que é possível parar, e espero que você faça o mesmo. Para começar, enfrente seus desafios e junte-se a mim como um guerreiro recrutado para esta missão, lutando contra nossos afazeres incessantes e contra as normas de trabalho que abatem o espírito das pessoas de bem. Minha maior esperança é que as ideias e ferramentas contidas neste livro sejam úteis à sua vida agitada, como um pano umedecido com água fria sobre uma testa febril. Se consegui realizar meu trabalho, as orientações a seguir serão acessíveis e amigáveis e o encherão de esperança forte e persuasiva para trabalhar de forma diferente.

Sua companhia muito me alegra.*

2 Personagem de desenho animado. [N. do T.]

* Você pode acessar um guia de estudos do livro, em inglês, em https://www.julietfunt.com/wp-content/uploads/2021/08/A-Minute-to-Think-Discussion-Guide_v2.pdf.

PRIMEIRA PARTE

II

A CULTURA DA INSACIABILIDADE

1

O ELEMENTO AUSENTE

NOSSO ANSEIO OCULTO POR ESPAÇO

FALTA ALGUMA COISA NA ESSÊNCIA DE NOSSO TRABALHO E DE NOSSA VIDA. É POSSÍVEL RECUPERÁ-LA.

Nunca aprendi a acender fogo quando era criança. Isso não faz parte das principais habilidades de quem foi criado em Manhattan. Será que aprendi a arte de bater de porta em porta, subindo e descendo pelo elevador, para pedir uma "gostosura" no Halloween? Com certeza. Será que conseguia dobrar com maestria uma fatia de *pizza*, deixando o óleo engordurar o guardanapo antes de comê-la? Sim, por volta dos 3 anos de idade. E, claro, aprendi a descer de trenó, com agilidade, a ladeira de 1,5 metro do Central Park entre uma lata de lixo e um monte de neve escura. No entanto, no caso de uma criança que mora em apartamento, ela nunca aprende a acender uma fogueira, a não ser que ocorra uma situação aterrorizante.

Enquanto crescia, minhas habilidades para acender fogo continuaram a me frustrar. Tentei acender fogueiras na praia ou no acampamento com um namorado que gostava de atividades ao ar livre, mas nunca dominei a arte de produzir labaredas. Muitos anos depois, em companhia de três filhos do sexo masculino e de meu marido, hospedamo-nos em uma pequena cabana perto do Big Bear Lake, não muito distante de nossa casa em Los Angeles. A viagem transcorreu de modo previsível, com os garotos sentados no banco traseiro alternando dois jogos: "O que você prefere?" (lamber o asfalto depois de um desfile ou comer um palito de dente?) e a competição cada vez mais conhecida do "*Isto* dói?".

A cabana compensou a viagem. Escondida em uma bela área florestal, com janelas enormes, ela possuía uma grande e imponente lareira de pedra, que pedia para ser acesa. Entusiasmados com a ideia, os garotos pularam de alegria. Infelizmente, não tínhamos lenha nem experiência no assunto. Meu marido havia ido à cidade, portanto fiz o que as pessoas da cidade tendem a fazer quando lhes falta conhecimento: aprender.

Na mesa redonda, coberta por uma pequena toalha do Three Bears Lodge, toda enfeitada, havia um anúncio pequeno: LENHA PARA LAREIRA VIA MENSAGEM DE TEXTO! ENTREGA EM 10 MINUTOS. (Estava bem ao lado de um boletim informativo com o título inesquecível de *Coluna Vertebral*, publicado pelo quiroprático da localidade.) Peguei meu celular, que milagrosamente estava funcionando, enviei a mensagem de texto e, com uma cômica velocidade que nos fez pensar que ele estava aguardando na esquina, Charlie chegou. Ele usava roupas de lenhador e tinha o comportamento calmo de um surfista. Disse a mim e a meus filhos, três garotos cheios de energia, falando sem parar e pulando, ansiosos por ver a lenha crepitar, que é melhor acender o fogo em etapas: primeiro um pedacinho de papel, algumas agulhas secas de pinheiro sobre a grade, depois alguns gravetos, seguidos de dois tipos de lenha — lenha macia para o fogo pegar rápido e lenha dura para queimar por longo tempo. Mas ele se esqueceu de um detalhe muito importante: *espaço*.

Com muito cuidado, montamos uma pilha densa de todos os materiais de combustão que o ser humano conhece e depois jogamos fósforos acesos neles durante vinte minutos, sem nenhum sucesso, até a chegada de meu marido. Depois de dar uma olhada em nossa pilha compacta de lenha queimada, ele pegou delicadamente a caixa de fósforos destruída que eu segurava nas mãos e começou a refazer nossa pilha.

Afofou as agulhas de pinheiro, ajeitou os gravetos e fez uma espécie de tenda sobre a lenha a fim de criar passagens perfeitas para o oxigênio alimentar o fogo. E então, com exatamente um fósforo, o fogo começou a crepitar. Os garotos assaram uma embalagem inteira de *marshmallows* e eu aprendi uma lição preciosa.

É o espaço entre os materiais de combustão que mantém vivo o fogo.

É o espaço que permite que as chamas se acendam e perdurem. No entanto, esquecemo-nos dessa lei da natureza em todas as áreas de ação de nossa vida além da lareira — especialmente no trabalho. Nossa agenda está sempre lotada como no último momento de vencer o jogo de Tetris no computador, e nossa mente transborda com dezenas de aplicativos de anotações insuficientes. Não há oxigênio para alimentar o fogo. Riscamos fósforos e mais fósforos na tentativa desesperada de acender nossa inteligência até o ponto máximo, mas o recurso de que realmente necessitamos para melhorar nosso trabalho é um pequeno espaço para respirar.

Sem espaço não somos capazes de nos sustentar. A força plena de nossas contribuições profissionais nos frustra. Faltam-nos ideias revolucionárias e mudanças radicais que nos beneficiariam com sua presença porque o trabalho exaustivo está obstruindo a porta. Perdemos momentos fortuitos e felizes e de entrelaçamento, que devem ocorrer nos momentos intermediários da vida, porque esses momentos deixaram de existir.

Para compreender totalmente a gravidade dessa perda, imagine o que aconteceria se a tabela periódica dos elementos químicos perdesse um ou dois elementos. Imagine se o nitrogênio ou o sódio simplesmente desaparecessem, deixando as plantas sem cor e enfraquecidas, e cada batata incompleta para sempre. Essa única perda afetaria o mundo inteiro. É o que, na verdade, acontece. Em nosso esforço constante de fazer mais, enterramos o tempo livre e flexível que era usado como amortecedor ao longo dos dias. O elemento do tempo livre desapareceu.

A Era da Sobrecarga

Como resultado desse déficit, corremos todos os dias em um transe de falsa produtividade, verificando sem parar as tarefas por fazer, sem ter certeza da importância de cada uma. O intervalo entre um segundo e outro tem uma atribuição própria. Na verdade, a maioria é agendada em dobro. A tirania da urgência submete-nos a mil formas de pressão e estresse no dia a dia. E parece impossível encontrar tempo para resolver o problema de sobrecarga de trabalho. Tragicamente, estamos atarefados demais para desacelerar, e nossa insônia às 3 horas da madrugada proporciona o único momento não agendado do dia.

Vamos verificar o déficit de oxigênio no decorrer de um dia típico de trabalho profissional. (Dica "Voo da abelha mamangava".) No momento em que o alarme do celular toca, pulamos da cama, verificando os *e-mails* e as redes sociais e tropeçando no cãozinho ou em uma criança pequena. Sentar-se para tomar o café da manhã não passa de uma fantasia porque a dura realidade nos coloca uma barra de cereal em uma das mãos e as chaves na outra, e saímos de casa. Procuramos um *podcast enquanto* seguramos o volante com os joelhos *enquanto* usamos o assento do passageiro, quando o farol está fechado, para verificar os *slides* do PowerPoint de nossa primeira reunião do dia. Quando entramos intempestivamente no escritório, passamos a fazer companhia a um desfile de pressão, pânico e papelada já em movimento. Ou então trabalhamos em casa e temos de nos deslocar apenas da cozinha até o escritório, mas fazemos parte, de alguma forma, da mesma insanidade diária do restante do grupo.

Durante oito, nove, dez (ou doze!) horas, somos bombardeados por uma avalanche de *e-mails*, reuniões, mensagens, relatórios e interrupções. Cada pausa traz uma inundação de incerteza, responsabilidade e ansiedade. Quando há lacunas em nosso calendário — que Deus nos perdoe —, enchemos e abarrotamos esses espaços com mais itens de ação movidos pela ideia fixa de que tempo não agendado é tempo perdido. Vamos em frente quase perdendo o fôlego na caminhada até o estacionamento (ou de volta ao nosso espaço particular) e perguntamos a nós mesmos: "O que *consegui* fazer hoje?".

Em geral, não temos ideia. Acordamos todas as manhãs com a melhor disposição, mas não há espaço para alimentar o fogo. Em algum lugar no fundo de nosso subconsciente pensamos: "Se ao menos eu conseguisse planejar antes de agir". "Se ao menos eu conseguisse pensar antes de falar." "Se ao menos eu conseguisse descansar antes de retornar ao trabalho." Mas não conseguimos porque o trabalho moderno tem um megafone ao lado de nossos ouvidos empurrando-nos para a frente. Se uma pequena brecha aparecer naturalmente, como durante a subida ou descida de elevador ou enquanto ligamos o computador, usamos esse tempo para realizar várias tarefas no celular, para preencher o momento livre. Quer saber por que há uma televisão instalada na bomba de gasolina nos Estados Unidos? Porque se você tivesse de abastecer o tanque do carro sem a televisão, alguém pensaria que você morreria de tédio.

E então há a culpa — a estranha e perniciosa culpa que meus clientes de todos os níveis profissionais compartilham comigo. Sentimo-nos culpados por não resolver nossas tarefas exaustivas, culpados pela ideia errada de que somos os únicos que sempre ficam para trás, culpados por nosso fascínio por aparelhos eletrônicos e por nossa incapacidade de deter o *tsunami*. Remoemos o pensamento de negligenciar nossa família, preocupamo-nos porque não queremos prejudicar nossa saúde e tememos o futuro longo e vazio de correr demais e realizar pouco.

Mindy, a quem apelidei de Gerente da Manteiga de Amendoim, foi vítima desse paradigma.

Manteiga de amendoim não faz parte da lista normal de materiais de escritório. Mas, para Mindy, ter um pote grande de manteiga de amendoim por perto é tão importante quanto um fone de ouvido, porque ela não almoça. Essa mulher de olhos brilhantes adora o trabalho que faz como vendedora de alto nível fornecendo soro intravenoso para pacientes debilitados que não conseguem alimentar-se por vias normais. Depois de ter ultrapassado suas metas, ela recebeu uma promoção no trabalho, mas que, conforme ela me contou, acabou se tornando um rebaixamento em sua vida.

Sua agenda, que antes era superlotada, tornou-se opressora. Cada segundo de trabalho era importante e não sobrava nenhum. Uma vez que o almoço parecia, em suas palavras, "uma tola perda de tempo", ela passou a trabalhar todos os dias com um pote de manteiga de amendoim em cima de sua mesa para manter alta a taxa de açúcar no sangue. (Isso é irônico para uma profissional cujo foco principal é ajudar a alimentar pacientes com os nutrientes vitais de que necessitam.)

Então, a falta de espaço na agenda começou a ter um forte impacto negativo sobre ela e sua equipe. Erros nos procedimentos de seu grupo começaram a vir à tona em situações de contato direto com os clientes. A saúde deteriorou-se, resultando em dores de cabeça e insônia constantes. Aquela equipe tão dedicada sofreu uma enorme pressão e passava dias e dias inteiros sem sair do lugar.

Há também o caso de Pete. Pete conhece muito bem a ligação entre fogo e oxigênio em razão de ter trabalhado trinta anos com fogo e serviço de resgate e de seu treinamento como socorrista resgatista. Ele também sabe muito bem como administrar momentos de pressão, pois dirigia exercícios de "inoculação de estresse" para os socorristas iniciantes, submetendo-os a situações cada vez mais difíceis e estressantes a fim de prepará-los para missões de vida ou morte. Pelo fato de usar essas técnicas pessoalmente, ele sentiu que havia chegado a um ponto em que era capaz de "passar por cima de situações complexas que debilitariam completamente outra pessoa".

Quando, porém, uma empresa gigantesca comprou a pequena empresa na qual ele ocupava a posição de gerente regional, a pressão foi exagerada até mesmo para aquele homem poderosamente protegido. Ele começou a receber até 200 *e-mails* por dia e era subordinado a um chefe implacável que enviava *e-mails* às 23 horas de sábado, esperando respostas imediatas. A vida profissional misturou-se com a vida doméstica, assim ele contou, "como um maço de cartas embaralhadas". Pete acabou sendo transportado para um pronto-socorro com problemas de respiração causados por estresse. E ele me partiu o coração ao responder à última pergunta que sempre faço ao pessoal: — Há alguma outra coisa que você gostaria de acrescentar? Pete pensou por um momento e respondeu: — A única coisa que estou tentando descobrir é quando isso tudo vai parar.

Conheço milhares de Mindys e Petes. Seu trabalho exaustivo tira o ar de todos os cômodos que ocupam. A maioria não se atreve sequer a dizer que tem problema. É assim que eles acham que o trabalho tem de ser e o aceitam de boa vontade. E esse, meus amigos, é o maior problema. É o nosso consentimento que nos está matando.

A agitação está em toda parte

A população de Montrone, na Itália, é de 30 habitantes — 35 na semana em que a visitamos. Para chegar lá é necessário atravessar a cidade medieval de Lucca, serpenteando por uma estrada íngreme de 8 quilômetros construída na encosta de uma montanha arborizada. É uma estrada de mão única com largura para um carro apenas. Quando há outro carro no sentido contrário, um dos motoristas tem de se "espremer" com muito cuidado no meio das folhagens para deixar o outro passar.

O caminhão de gelo transita aí duas vezes por dia e é melhor rezar para não cruzar com ele.

Os proprietários do Hotel B&B no qual nos hospedamos, Geoff e Jenny, convidaram-nos para jantar com eles na primeira noite e contaram suas histórias. Quando completou 11 anos de idade, Geoff deixou sua mãe inglesa para morar com o pai na Nova Zelândia. A viagem de navio durou sete semanas. Em pé e sozinho no convés, ele sentiu lágrimas quentes se formando, e um dos passageiros disse-lhe com firmeza: "Não chore, garoto. Coma esta maçã". E ele parou de chorar e comeu a maçã — e amadureceu naquele momento singular.

Geoff aprendeu a caçar gambás por 2 *shillings* cada, e logo passou a ser o único garoto de sua idade com condições de comprar um *milkshake* para uma garota no bar da esquina. E, apesar do cansaço por ter de trabalhar em tantas indústrias, ele encontrou sua verdadeira vocação quando se apaixonou pela Itália durante uma visita e tornou-se fazendeiro em Montrone, onde ele e Jenny criam ovelhas, gansos e abelhas.

Naquele vilarejo microscópico, sem nenhuma loja ou restaurante, o casal trabalha em ritmo veloz e alucinante das 7 às 19 horas. Na verdade, quando me levou de carro pela colina perigosa para comprar *prosciutto* e queijo, ele olhava o tempo todo para a tela do celular (sim, enquanto dirigia por *aquela* estrada) e resmungava: "Que dia corrido! Que dia corrido! Uau! Que correria!".

A agitação está em toda parte.

A agitação está no outro lado do oceano e em nosso quintal. Atinge jovens e velhos, quer estejam trabalhando quer não. Em Houston, depois que terminei uma palestra, uma senhora mais velha e radiante aproximou-se de mim. O odor de um fungicida Chanel seria mais agradável que seu perfume, mas seus modos foram instantaneamente atraentes. Disse que minha palestra foi como um presente, porque ela estava tentando reduzir o ritmo de trabalho havia anos. Perguntei que tipo de trabalho a mantinha tão ocupada, e com um largo sorriso e uma risadinha irônica, ela disse: "Ah, sou aposentada!".

Juliet B. Schor, uma economista que escreve eloquentemente a respeito de nossa vida e trabalho sob a sombra do consumismo e da pressão do tempo, chama de "atividade performativa"[1] o modo como escolhemos trabalhar. Não há mais "eles" trabalhando para nós. Desde o executivo de uma grande empresa, até o criador de ovelhas e o aposentado, nosso ritmo e pressão motivadores tornaram-se totalmente *internalizados*. Nós os carregamos o tempo todo conosco. Porém, por mais doutrinada que a maioria seja para a correria dos afazeres, um pequeno anseio move-se furtivamente dentro de nós: um pequeno sussurro que mal podemos ouvir diz que precisamos de apenas um minuto para pensar, de um minuto para respirar. E às vezes percebemos esse sussurro por acaso.

A atitude da ponderação

Pense nas vezes em que você pôs em dia um pequeno trabalho no domingo, concentrando-se nas tarefas difíceis que não conseguiu realizar durante a semana abarrotada de problemas e reações dos clientes. Os filhos saíram com os amigos. A caixa de entrada de seus *e-mails* parou no tempo e está tranquila, como uma igreja. Sem colegas por perto e outras distrações, você faz uma pequena pausa para organizar os pensamentos — porque consegue fazer isso. E então começa a realizar um trabalho muito especial. Um trabalho de verdade. Aquele trabalho sempre deixado para trás em razão do ritmo diário dos problemas, das reuniões e dos pedidos urgentes. Aquele trabalho que você costuma começar depois do fim do expediente.

Nesse ambiente protegido há espaço para pensar. Você examina as tarefas com cuidado antes de entrar em ação.

[1] Entrevista feita pela autora em 24 nov. 2020.

Avalia os problemas sem olhares indiscretos. Faz algumas pausas quando seu corpo exige. A sensação de fluidez é incrível. Apenas duas horas depois, você se levanta para esticar o corpo e percebe que terminou um trabalho que levaria dias para ser executado durante a semana. Não é de admirar que sua chama tenha brilhado com tanta intensidade. Você tinha bastante oxigênio.

É possível ter essa mesma sensação de domingo durante a semana. Tudo o que precisamos fazer é recuperar — ou descobrir pela primeira vez — a capacidade de incluir o espaço e a ponderação que fazem nossa chama brilhar. Para começar, apostamos em uma única afirmação: pensar *é* um tempo bem gasto.

Somente determinada geração se lembra de quando esse fato era inquestionável. Na época, se você pegasse seu chefe com os pés em cima da mesa de trabalho, perdido em pensamentos e olhando pela janela, você parava no lugar como se tivesse visto uma cascavel, e depois saía de mansinho, determinado a não perturbar o chefe. Por quê? Porque era comum todos concordarem que o tempo tinha seu *valor*. Havia um relacionamento completamente diferente com a atitude de ponderação.

Eu desafio você a lembrar-se da última vez que pegou alguém perdido em pensamentos em seu local de trabalho. E se pegou, o que você fez? Vamos, repasse a cena em sua mente como se fosse um filme. Você chegou de repente e viu-se frente a frente com um colega de trabalho perdido em pensamentos — olhando fixo em um ponto distante, como fazem os pensadores. Você chamaria um paramédico? Postaria uma foto no Twitter? Um colega de trabalho ou um gerente estressado sentiria uma pontada de frustração, e até de raiva, e interviria imediatamente para fazer o belo pensador voltar ao momento atual e urgente com perguntas repetitivas e em tom um pouco alto: "No que você está trabalhando? No que você está trabalhando?". A ponderação tornou-se uma atitude estranha, e até constrangedora.

Mas e se... E se a mente sem freios daquela pessoa estivesse a ponto de resolver um problema ou de tentar uma nova investida? E se um momento de grande inspiração estivesse chegando ao auge, e se um pensamento novo estivesse nascendo para o aprimoramento da empresa, do produto principal ou de uma necessidade dos clientes? O mundo nunca saberia porque aquele prezado pensador foi redirecionado para sua inescapável caixa de entrada e agora está deletando orgulhosamente os *e-mails* indesejáveis, para que sua atividade seja vista por todos.

Se ao menos atividade e produtividade fossem a mesma coisa... mas não são. Há trabalho visível e trabalho invisível. Pensar, ponderar, considerar, reformular, refletir, inventar, questionar e sonhar — nada disso exige a movimentação de um único músculo para ser posto em prática. Vemos os resultados apenas quando tudo está finalizado, não no decorrer do processo. Analisando por outro ângulo, devemos cogitar a possibilidade de que, quando há uma pressão maior, ela quase sempre anula nossos objetivos, ao passo que o espaço entrelaçado com o tempo de ponderação apoia e amplifica os resultados. Assim como os atletas olímpicos se recuperam entre uma apresentação e outra, devemos controlar nosso esforço para nos destacarmos no longo prazo. Necessitamos de permissão para fazer uma pausa — e essa pausa deve ser feita durante o expediente, não em nosso tempo livre. Seríamos como um professor de escola pública que ficou sem dinheiro por ter de comprar massas de modelar e marcadores de texto com o próprio salário.

Quando fazemos uma pausa, todas as coisas melhoram. Paramos por um momento antes de enviar um *e-mail* com palavras duras, para ter certeza de que essa é a mensagem correta. Fazemos uma pausa e recostamo-nos na cadeira quando sentimos a fadiga interromper nosso foco. Afastamo-nos por alguns minutos entre uma reunião e outra para digerir e assimilar os *insights* da última rodada a fim de nos preparar para a seguinte. Se reservarmos tempo para esses momentos, a natureza inteira do trabalho mudará.

Os bem-sucedidos, os discretos e os felizardos

Há pessoas entre nós que já usam a ponderação e a pausa como parte do dia de trabalho. Alguns são executivos seniores que deixaram os pormenores para trás e concluíram que uma pausa para pensar é a maior contribuição que podem oferecer. Eles possuem assistentes executivos, salas separadas e determinação forte como titânio para criar tempo para si mesmos. Há também os discretos — aqueles cuja situação não lhes permite fazer uma pausa em público para pensar, mas que conhecem seu valor. Saem furtivamente do ambiente nos momentos de reflexão ou de descanso e se escondem atrás de uma parede ou móvel, como se fossem fumantes.

Finalmente, há os felizardos — aqueles que trabalham em um ambiente descontraído e criterioso (em geral proveniente dos valores e comportamentos da liderança sênior.) Nesses grupos, é *normal* dedicar tempo para recuperação e geração de ideias. É *normal* ser estratégico. É *normal* parar e pensar antes de responder a uma pergunta. E, porque todos agem assim, não há medo nem risco.

Qualquer empresa pode trazer de volta o oxigênio para alimentar o fogo de seu talento. Pode ser — e deve ser sempre que possível — um processo dirigido por uma equipe que passa a conduzir imediatamente o recém-chegado. Mas eu lhe asseguro que esse trabalho pode ser praticado isoladamente ou em menor escala com grande eficácia.

Encontre a pausa estratégica

O elemento que falta para Mindy, Pete e todos os outros trabalhadores exaustos é o espaço em branco ou o "tempo sem nenhum compromisso". Trata-se de um tempo livre, não programado — longo ou curto, planejado ou improvisado — que nos permite voltar a respirar. A expressão surgiu quando alguém olhou para os espaços em branco do calendário e percebeu que ver um tempo livre na programação do dia era uma indicação do grande número de possibilidades inexploradas que aquele dia poderia conter.

Esse maravilhoso espaço em branco é uma necessidade contraintuitiva que sempre foi nossa — sempre esteve presente —, mas que desapareceu em meio a agendas lotadas, caixas de entrada transbordando e pressão para trabalhar mais. Pode ser chamado de intervalo, amortecedor, folga ou margem, pois permite que o espaço em branco entre nossas tarefas intermináveis torne tudo melhor.

A pausa estratégica, um momento escolhido para cessar a atividade, é o catalisador para o aparecimento do espaço em branco. Pare o que você está fazendo e o espaço em branco surgirá imediatamente. Mas parar não é o nosso ponto forte. Prosseguir, sim — e esse é o problema. Sem as pausas estratégicas que nos ajudam a encontrar o espaço em branco, os dias de pessoas como Mindy e Pete são mais ou menos assim:

Vida e trabalho sem pausa

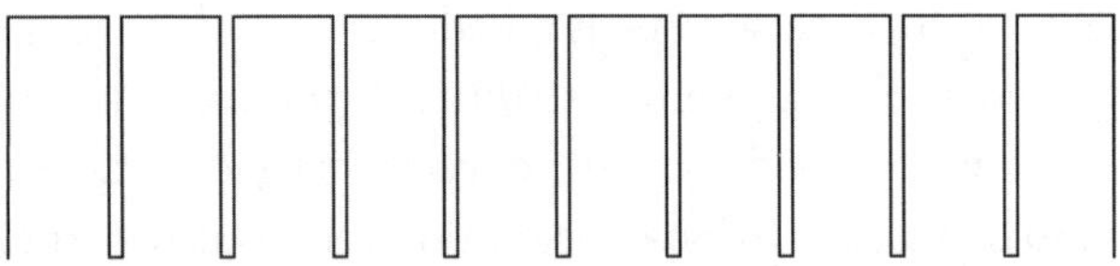

Se eles se permitissem fazer uma pausa, seria assim:

Vida e trabalho com pausa

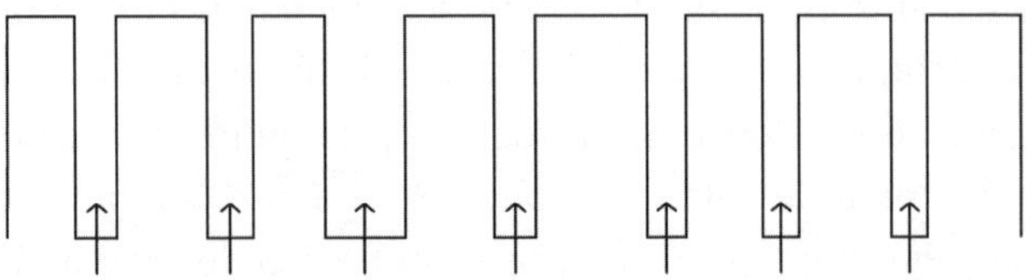

E então eles teriam tempo para usar essas pausas para atividades que exigem ponderação, como estas:

O que fazer durante a pausa

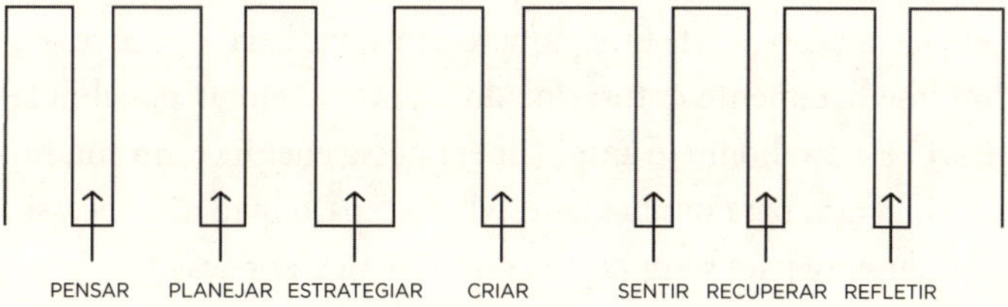

Parece óbvio demais. Saudável. Dinâmico. (Mesmo os profissionais ferozes das artes marciais mistas fazem uma pausa de um minuto entre os *rounds*.) Mas há algo no caminho. *Preenchimento*. Encontramos, escolhemos e nos submetemos a atividades sem fim para fazer o rejunte desses espaços em branco críticos.

Preenchedores de pausas

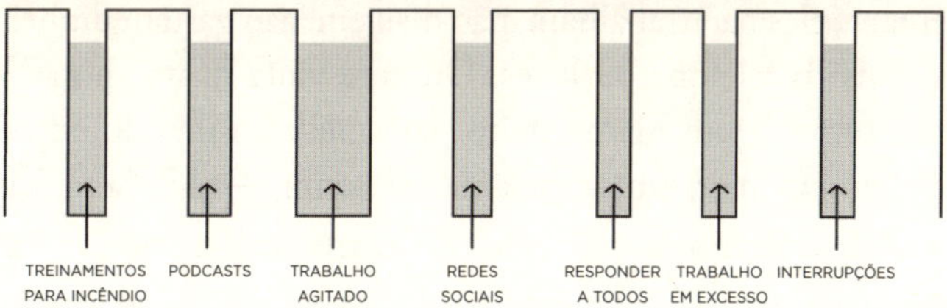

Nossa atividade para preencher as pausas tornou-se tão arraigada em cada um de nós e em nossa organização que nos esquecemos da existência do espaço em branco. Pete explicou desta maneira: "Fiquei tão condicionado ao calendário cheio que, quando vejo cinco minutos em aberto, há uma força poderosa demais em minha mente dizendo que devo preenchê-los".

Pense por um minuto nessa sensação gratificante quando limpamos um quarto de despejo. Temos certeza de que encontraremos preciosidades entre os enfeites e a decoração para as festas de fim de ano, mas achamos algo muito mais valioso que o resto: o espaço em si. Coloque-se diante de um cômodo recém-esvaziado (ou de uma hora recém-esvaziada) e você se sentirá imediatamente entusiasmado diante de tantas possibilidades. O espaço bonito e amplo libera nossa energia e, no entanto, está faltando para muita gente. Mas o espaço livre não necessita ficar ausente para sempre. Encontrei o meu por acaso.

A história de como se originou

Minha primeira experiência com o espaço em branco ocorreu em meio a uma salada verde mista, e foi sagrada. Apesar de minha infância secular judia (*bagels*[2], sim; velas, não), eu estava fazendo experiências, aos 30 e poucos anos de idade, com uma nova versão de guardar o sábado. Meus amigos religiosos ensinaram-me um pouco mais que as instruções básicas. De sexta-feira a sábado, os judeus praticantes deixam de fazer muitas coisas. Para descansar de todos os afazeres da semana, eles não trabalham, não dirigem, não gastam dinheiro nem usam telefone ou luzes. Durante vinte quatro horas de cada semana, um hiato é feito para mudar o mundo ou eles próprios. Comer, cantar, rir, amar e dormir — tudo bem. Mas nada de benfeitoria, aspiração e construção. Trata-se de uma lição para parar e é mais difícil do que parece. Mas descobri que é também muito agradável.

Meu grupo de amigos reunia-se todas as sextas-feiras para um evento que chamamos de Sábado da Salada. O anfitrião do dia fornece vinho doce, uma tigela enorme de alface e a chalá,[3]

[2] Pão em forma de anel, feito de farinha de trigo fermentada. [N. do T.]

[3] Pão trançado consumido no sábado judaico e em outras festividades. [N. do T.]

sempre com passas. Os convidados fornecem coberturas de saladas mistas e molhos criativos para proporcionar uma festa instantânea. Formávamos um grupo gastronômico e contribuíamos com guloseimas, como pedaços de queijo *burrata*, ervilhas frescas escaldadas ou frango defumado para ser misturado às verduras de nossa horta. Depois de um banho quente e agradável para aliviar as tensões da semana, eu sempre vestia um macacão de *jeans* desbotado, sem nenhuma maquiagem ou joias. Essa passou a ser a minha cerimônia de transição para me desligar do mundo por algum tempo.

Apaixonei-me pelo vazio e pela liberdade — com o senso de improvisação, pureza e fuga. Aquele tom emocional foi memoravelmente entendido pelo rabino judeu Joshua Heschel, que descreveu o *Shabat* como um *castelo construído no tempo*[4] que entramos no santuário. Era assim que eu sentia — de forma muito rica e palpável.

A segunda constatação ocorreu em meus primeiros dias como oradora principal, quando eu ensinava matérias que variavam desde habilidades de comunicação até administração do tempo. Quando alguém me abordava lamentando a agenda lotada, examinávamos juntos seu calendário de papel à procura da primeira linha de defesa contra a correria — *os verdadeiros espaços em branco entre as tarefas*, que, como eu sabia, eram essenciais, mas faltavam a muitas pessoas.

Agora eu havia provado o gosto da beleza experimental do tempo sem nenhuma atribuição. Havia ganhado clareza profissional sobre a importância de momentos de trabalho não programados. Meu *insight* seguinte sobre as possibilidades criativas e estratégicas do espaço em branco ocorreu em 2005, quando me tornei mãe. Meus três lindos garotos, de olhos azuis e curiosos, com diferença de idade de dois anos

4 **The Sabbath:** Its Meaning for Modern Man. New York: Farrar, Straus & Giroux, 2005.

entre cada um, eram anjos durante o dia e diabinhos à noite. Demoravam muito para dormir, portanto nos deitávamos com eles até adormecerem. (Você consegue ouvir cada avô ou avó do mundo resmungando em tom de recriminação?) Um dia, fiz um cálculo e concluí que gastei por volta de 353.300 minutos de minha vida na escuridão de um quarto, esperando que os pequeninos dormissem.

Um fato curioso: aqueles períodos se revelaram tempos profissionais incrivelmente produtivos. Presa naquele ambiente silencioso e sem distrações, com apenas uma mãozinha macia para segurar, eu começava a pensar quase sempre sobre o trabalho. Pensava em nossas metas, em nossos problemas para resolver e em anotar novas ideias. Quando os garotos adormeciam, eu levantava um dedo por vez da mão que estava sobre as costas ou a barriga deles e saía na ponta dos pés — como um passarinho fugindo da gaiola tentando não acordar o guarda cochilando. Mas depois *corria em disparada* — à procura de caneta e papel, porque durante aquele tempo forçado de reflexão eu havia imaginado estratégias de venda, novas ideias de *design* do produto e comunicações com clientes que eu queria fazer. O fato é que meus primeiros frutos profissionais do espaço em branco chegaram quando eu estava no escuro.

Nos anos seguintes, o espaço em branco tornou-se totalmente cristalizado por meio do processo de ensinar e escrever sobre o que eu havia aprendido. À medida que desenvolvia estruturas e práticas, vi que as recompensas dos espaços em branco que experimentara — de calma (espaço em branco do sábado), eficiência (espaço em branco do calendário) e criatividade (espaço em branco por ficar presa no quarto) — formaram um conjunto completo de benefícios. Reservar um tempo para afastar-se e pensar foi uma atitude que ajudou quase todos os que tiveram contato com essa prática. O assunto do espaço em branco passou a ser o único foco de minha vida profissional e, posteriormente, de nossa empresa. Testemunhamos a mudança que ele promove. Quando as pessoas se libertam da antiquada noção de que o tempo não preenchido é o inimigo, descobrem que separar um minuto para pensar é um ótimo recurso de poder profissional.

Pausas curtas e longas

Uma dessas pessoas foi Mitch Barns, um CEO que se permitiu parar para pensar tão logo percebeu que "não é uma pausa indulgente; é uma pausa estratégica". Para total precisão, também não é uma pausa preguiçosa, uma pausa ociosa, uma pausa procrastinadora, uma pausa vazia, um cochilo, uma soneca ou uma pausa sem objetivo. É uma pausa *estratégica*. Proporciona um espaço em branco em seu dia e melhora tudo o que você toca.

A pausa estratégica para enriquecimento profissional pode ser uma hora fazendo anotações em um bloco de papel; pode ser um tempo de criatividade não planejada, compartilhado com a equipe diante de um quadro branco; ou pode ser o momento em que um executivo planeja os próximos cinco anos da história da empresa.

Pequenos intervalos durante esse período são muito importantes. Como trufas de peso leve, mas de grande valor, esses preciosos tique-taques do relógio ocorrem entre a conclusão de uma tarefa e a escolha da próxima. Podem ser encontrados no tempo de transição vital entre as reuniões. Ou durante uma conversa confiante e pausada, na qual as palavras a serem ditas são elaboradas. O espaço em branco é semelhante a um copo com água sobre a mesa, e você tem infinitas opções de quando e onde tomar um gole.

As pausas mais longas e intensas são mais raras no corre-corre constante de nossa vida, mas são positivamente transformadoras quando usadas. Vão desde um período de trinta minutos para pensar, até uma hora de estratégias ou uma noite, um fim de semana, férias ininterruptas, ou até o Santo Graal do espaço em branco — um prolongado hiato profissional. Esses são ótimos alvos para alcançar, mesmo que, no início, você tenha de introduzi-los furtivamente.

Tony Calanca não se escondia. Não tenho certeza se ele conseguiria, uma vez que aquele executivo de feiras comerciais de 1,90 metro de altura é tão gentil quanto alto. Trabalhando em conferências, "uma atividade que engolirá sua vida se você permitir", com 80 apresentações por ano, a pressão que Tony recebia era sempre grande. Em suas palavras comoventes: "É como esticar o braço e segurar o arame, e o zumbido passa por você e você não consegue soltar".

Tony acredita no espaço em branco. Os negócios de sua enorme empresa eram volumosos, chegando a valer dezenas de milhões de dólares durante a vigência do contrato. A princípio, ele pensou: *Vou fazer o mesmo que fiz no ano passado*. Mas, de repente, ele fez uma pausa estratégica e disse: "Quer saber? Não vou fazer isso. Vou incluir tempo em meu calendário para sentar e pensar no assunto". Programou seis períodos para ele que variavam de trinta minutos a duas horas. Seu mergulho profundo incluiu pesquisa direcionada e conversas importantes com colegas e parceiros. Por fim, ele criou um efeito colaborativo que economizou milhões de dólares à empresa e, ao mesmo tempo, atendeu às expectativas de todos, chegando a superá-las. Nem todos investem nesse tipo de espaço em branco, mas até a intenção de fazer uma pausa para pensar pode alterar o curso de um projeto.

Por mais curta ou longa que seja, a pausa estratégica nunca deve ser confundida com uma ferramenta da empresa — é uma ferramenta para *todos*. Em uma conversa com o dr. Frank Reed, um médico de família de uma cidadezinha montanhosa no oeste do país, ele disse que valoriza a pausa quando aplicada à medicina porque "ela permite que você entre no próximo momento sem a onda de vapor do momento anterior atrás de você". Frank, um homem adiante de seu tempo, adotava a regra de reduzir o pagamento de qualquer funcionário que trabalhasse durante o horário de almoço, pois queria que seu pessoal estivesse realmente em condições de atender cada paciente da tarde. A regra funcionou, e o pessoal lhe agradeceu. Frank ensinou aos médicos residentes sob seu comando que eles deviam parar do lado de fora de qualquer sala de exame durante trinta segundos antes de entrar, para se prepararem física, mental e emocionalmente. Alguns de seus protegidos disseram que foi a lição mais valiosa que aprenderam no decorrer de três anos de residência.

Repetindo mais uma vez, a pausa está à nossa disposição. Eu gostaria que você a aceitasse. Mas, querido leitor, amigo de lutas que ainda não tive a oportunidade de conhecer, sei que o autoaperfeiçoamento é muito complicado. Para todos os lugares que olhamos há uma nova rotina desafiadora, um hábito ou prática que nos sentimos no dever de adotar para nos tornarmos mais eficientes (o que nos diz silenciosamente que é disso que carecemos no momento). Mas aqui está tudo o que você precisa fazer para ter acesso à liberdade do espaço em branco. *Faça uma pausa estratégica.*

Encontre uma. Crie uma. Permita uma. Basta o mais breve dos momentos a cada dia e você será transformado. Parada total. Um segundo de pausa. Cinco segundos de pausa. Segure qualquer coisa que puder e dance ao redor da sala.

Se você abandonar qualquer ferramenta ou técnica específica, se esquecer meu nome, rasgar este livro ou apagar o arquivo, e não fizer nada a não ser transformar a pausa estratégica em um hábito diário como escovar os dentes, VOCÊ SERÁ VENCEDOR. E quando as águas turbulentas do trabalho o arrastarem para longe (e certamente o arrastarão) e você voltar ao presente e perceber que se passaram semanas de atividade incessante e sem pausa — reconheça, perdoe e recomece. Repita sempre e sempre. *Qual a duração da pausa por dia?* Você escolhe. *Devo usar um cronômetro?* Pode usar. *Podemos fazer isso juntos?* Sim.

Faça uma pausa estratégica. Todo santo dia.

PARE UM MINUTO PARA PENSAR... NO ELEMENTO AUSENTE

LEMBRE-SE:

- O espaço em branco é o elemento que falta no trabalho e na vida. É necessário para trazer o oxigênio de volta a seus dias agitados e com excesso de trabalho.
- Esse elemento foi tirado de você pelo ritmo e pelas pressões da Era da Sobrecarga, na qual todos nós vivemos e trabalhamos.
- O preenchimento de todas as pausas que ocorrem naturalmente no dia a dia com atividades incessantes obstrui seu espaço em branco.
- As pausas estratégicas entre as pulsações da vida lhe permitem ter acesso ao seu espaço em branco e criam tempo para você pensar, refletir, descansar e ser criativo.
- Quando você se permite fazer uma pausa tudo o que faz fica melhor.

PERGUNTE A SI MESMO:

- Qual foi a última vez que me permiti um tempo de ociosidade, sem sentir culpa?

2

O FALSO DEUS DO TRABALHO EXAUSTIVO

POR QUE O TRABALHO É TÃO TRABALHOSO

O TRABALHO NÃO É SABOROSO COMO O RECHEIO DE UMA TORTA

Numerosas condições nos empurram para os braços abertos do trabalho exaustivo. Vemos a glorificação do excesso de trabalho ao redor de todos nós. A tecnologia sedutora nos fascina. Os colegas de equipe que se martirizam no reino do sacrifício e da falta de sentido são recompensados publicamente. Mas isso não ocorre em um vácuo. Precisamos entender as causas identificáveis por trás do déficit de nosso espaço em branco e ficar atentos aos custos. Três fatores principais nos colocam na esteira rolante do trabalho exaustivo: insaciabilidade, conformismo e desperdício. Eles nos privam da dádiva do oxigênio e ameaçam até nossa capacidade de considerar a pausa um componente de nossa vida.

Insaciabilidade

Muitos universitários estudam em demasia para as provas. Sentam-se em seus dormitórios por volta das 2 horas, de pernas cruzadas, mordiscando pedaços de *pizza* e tomando refrigerante comprado no *food truck* da madrugada. Em doze horas, abastecem o cérebro com três meses de informações. A aula de astronomia pode não ter inspirado uma grande frequência, mas os alunos compensam tudo em uma noite, estudando, estudando, estudando até o *foie gras* de seu cérebro estar prestes a explodir. Então eles vão se deitar de mansinho para ter uma ou duas horas de sono, esperando não perturbar a pilha instável de conhecimento, orando para que dure até a prova. Uma semana depois, todas as palavras foram esquecidas.

Muitos de nós agimos da mesma forma. A prova para a qual estamos nos preparando é a revisão diária, anual e de longa duração que oferecemos a nós mesmos na forma de uma só pergunta. "Fiz o *suficiente*?" Temos um relacionamento cumulativo com o contêiner de nossa vida. Abarrotamos nossa agenda com tarefas, eventos e compromissos extras até que se transformem em colagens coloridas de maximização. O problema é que "Fiz o suficiente?" é sempre a pergunta errada.

Quando olho para meus colegas e clientes, vejo pessoas tentando pôr em prática valores focados em quantidades que, segundo eles, são dignos de orgulho. São pessoas dedicadas e trabalhadoras, cujo compromisso é oferecer uma verdadeira contribuição, e elas acreditam que sua escalada sem fim na montanha é necessária e correta — pois as tornará importantes e elas serão recompensadas. Os líderes prestam atenção no chamado da sirene pedindo "mais", enquanto partem em busca de crescimento e vantagem competitiva. E, claro, no reino da receita bruta e do lucro, não há nada mais amável que o "mais".

A aplicação pessoal dessa pressão apresenta-se na forma de um número exagerado de sapatos e de armários abarrotados de eletrodomésticos e aparelhos que compramos, mas não usamos. Nossa vida suntuosa transforma-se em monstros que temos de alimentar constantemente. Craig perdeu-se no meio desses desejos de consumo. Contou-me a história da casa que estava engolindo sua vida. Ele queria uma casa grande e bonita para a esposa e os filhos, mas, para pagá-la, tinha de viajar diariamente para trabalhar — duas horas na ida e duas horas na volta. Ao contrário de muitas famílias que adoram ter um estilo de vida ou uma posição social de nível elevado, a família de Craig disse-lhe claramente o que queria: mais tempo com ele. Mas Craig simplesmente não conseguia divorciar-se da autoestima inflada de querer uma casa requintada e um carro de luxo, o que resultou em sofrimento.

Profissionalmente, alguns de nossos desejos de compensação exagerada são movidos pela distorção baseada na "primeira impressão". Trata-se de uma expressão usada no ramo imobiliário e refere-se à atração visual de uma casa quando vemos rapidamente sua fachada. Se as cadeiras de balanço de madeira na varanda parecem acolhedoras e há trepadeiras floridas enfeitando sedutoramente a entrada da casa, não notamos as rachaduras no alicerce.

No trabalho, penso na primeira impressão como um caminho que a pessoa, a equipe ou a empresa olha de fora e, da posição em que está, não vê a verdade nua e crua. Quem sabe o que é verdadeiro? Ao participar de um evento no qual as pessoas querem contar vantagem, você gostaria de ter pequenos dardos disparados de uma pistola de ar, cheios de soro da verdade, para calar o falatório sobre crescimento, ganhos e histórias boas demais para ser verdadeiras. Mas nenhum CEO, empresa ou empreendedor tem tudo junto da maneira que parece em uma apresentação ou página da *web*. Vejo o que acontece por trás da cortina. Mas eles com certeza gostam disso. Parecem mais vitoriosos, mais felizes, mais sensatos e mais trabalhadores (que nós). As fantasias da primeira impressão, com base nas mais voláteis observações superficiais, alimentam a bomba do "nunca é suficiente".

O caminho do mais não é sustentável. Se não permitirmos que as pessoas tenham um trabalho desenvolvido de forma equilibrada e humana, elas vão sofrer individualmente e tornar-se menos valiosas para nós. O *burnout* é verdadeiro e sempre foi uma grande ameaça. A Gallup diz que 23% dos trabalhadores sofrem de *burnout* com muita frequência e outros 44% o enfrentam ocasionalmente.[1] A Deloitte descobriu que, atualmente, dois terços dos funcionários se sentem "sobrecarregados" e que 80% dos homens — uma porcentagem estarrecedora — gostariam de trabalhar menos horas.[2] Precisamos imaginar e criar propositadamente um mundo de trabalho no qual o *menos* faça parte do plano.

O menos libera. O menos oferece-nos a possibilidade das pausas. O menos faz o trabalho ser mais dinâmico e mais produtivo. A Microsoft Japão realizou um estudo interno para analisar os efeitos de uma semana de trabalho de quatro dias e constatou que isso aumentou a produtividade em 40%, ao passo que os custos indiretos diminuíram em quase um quarto.[3] Charles Darwin e Charles Dickens trabalhavam de quatro a cinco horas por dia e nesse esquema escreveram 19 e 21 livros, respectivamente (e tinham tempo para escrever cartas, almoços sociais e longas caminhadas ao meio-dia).[4] O menos pode ser um novo mais se lhe dermos uma chance.

1 WIGERT, Ben; AGRAWAL, Sangeeta. Employee Burnout, Part 1: The 5 Main Causes. **Gallup Workplace**. Gallup, 12 jul. 2018. Disponível em: https://www.gallup.com/workplace/237059/employee-burnout-part-main-causes, aspx. Acesso em: 14 fev. 2022.

2 BERSIN, Josh. Why Companies Fail to Engage Today's Workforce: The Overwhelmed Employee. **Forbes**, 15 mar. 2014. Disponível em: https://www.forbes.com/sites/joshbersin/2014/03/15/why-companies-fail-to-engage-todays-workforce-the-overwhelmed-employee/?sh=7661a2f44726. SMITH, Sandy. "Frazzled" on the Job: More Than 80 Percent of American Workers Are Stressed Out. **EHS Today**, 10 abr. 2014. Disponível em: https://www.ehstoday.com/health/article/21916505/frazzled-on-the-job-more-than-80-percent-of-american-workers-are-stressed-out. Acesso em: 14 fev. 2022.

3 CHAPPELL, Bill. 4-Day Workweek Boosted Workers' Productivity by 40%, Microsoft Japan Says. **NPR**, 4 nov. 2019. Disponível em: https://www.npr.org/2019/11/04/776163853/microsoft-japan-says-4-day-workweek-boosted--workers-productivity-by-40. Acesso em: 14 fev. 2022.

4 DUNNE, Carey. Charles Darwin and Charles Dickens Only Worked Four Hours a Day—and You Should Too. **Quartz**, 22 mar. 2017. Disponível em: https://

Para algumas empresas, o menos passou a fazer parte do plano de trabalho. Linda Rutherford, que trabalha na Southwest Airlines há mais de vinte e oito anos e no momento atua como diretora de comunicações do setor de transporte, contou-me que a Southwest é uma das únicas empresas aéreas do mundo com uma frota composta apenas de um modelo de aeronave, o Boeing 737.[5] A decisão original foi a de economizar. Havia um excesso de modelos 737 no mercado, uma aeronave barata que permitiu que a empresa aérea recém-organizada maximizasse seu investimento. Linda contou que, na época, todos pensaram: "Prestem atenção, há beleza aqui. Poderíamos treinar comissários de voo, pilotos e mecânicos em um único tipo de aeronave. Nossos depósitos de manutenção poderiam estocar peças para um único tipo de aeronave". Todos ganham com a simplicidade e a eficiência de escolher o menos.

Algumas empresas chegam a abrir espaço para melhorar o desempenho dos funcionários escolhendo (suspiro!) ganhar menos. Vi um exemplo inspirador dessa moderação quando trabalhava na *mui* amada cadeia In-N-Out Burger no oeste dos Estados Unidos. Todos os produtos que dão água na boca — hambúrguer, batata frita e *milkshake* — são feitos no momento em que o cliente pede. Durante anos, os clientes tradicionais gostavam do "cardápio secreto" (hoje não tão secreto assim), que ajudou a desenvolver a lealdade de seus seguidores.

Um dos pontos altos da empresa é que eles tratam bem — muito bem — seus funcionários.

Perguntei ao vice-presidente executivo, Airne Wensinger, sobre as escolhas que a empresa havia feito ao gastar um bom dinheiro em viagens luxuosas para premiar os funcionários e

qz.com/937592/rest-by-alex-soojung-kim-pang-the-daily-routines-of-historys-greatest-thinkers-make-the-case-for-a-four-hour-workday/. Acesso em: 14 fev. 2022.

5 Entrevista da autora com Linda Rutherford, em 20 jan. 2020.

suas famílias. Ele disse de modo muito claro que, como empresa privada, a In-N-Out tinha mais permissão para escolher comemorar e recompensar do que ter as margens mais altas possíveis de lucro. Nunca esquecerei o que ele disse em uma única frase: "Temos um bom lucro, mas não precisamos espremer até a última gota".

Jason Fried, CEO da gerência de projetos da produtora de *softwares* Basecamp, dirige sua empresa ganhadora de prêmios com porções saudáveis do menos porque, como ele diz, "o comportamento não reprimido passa a ser comportamento aprovado". Em seu livro *It Doesn't Have to Be Crazy at Work*,[6] ele escreve que, no verão, a equipe trabalha apenas trinta e duas horas por semana, porque menos trabalho durante a temporada de vôlei os deixa revigorados, gratos e mais focados. E com o objetivo de ser uma empresa "calma", a Basecamp realiza menos reuniões, para que o *software* possa ser desenvolvido com rapidez e sem distrações nos longos períodos de tempo ininterrupto. É um lugar onde há muitos menos — menos caos, menos hierarquia e, nas palavras de Fried, simplesmente menos *bullsh*t*.

Cada escolha dessa empresa é intencionada. Cada uma origina-se de valores de simplicidade, lógica e moderação, que eles então põem em prática. Como são revigorantes essas perspectivas! Como é reconfortante ouvir que podemos fazer escolhas, mesmo que sejam contrárias às regras. Todos nós necessitamos dessa liberdade de intenção. Mas, para fazer uso dela, temos de lutar com nossa tendência de fazer exatamente o oposto — seguir os outros rumo à beira do penhasco em uma postura de conformidade inquestionável, insaciável, "mais amorosa".

6 FRIED, Jason; HANSON, David Heinemeier. New York: HarperBusiness, 2018. [**O trabalho não precisa ser uma loucura**. Rio de Janeiro: HarperCollins Brasil, 2018.]

Conformidade

Carecemos de permissão básica para aderir ao menos e fazer pausas periódicas porque não temos companhia para isso. A conformidade exerce um papel poderoso na falta de espaço em branco. Suas nuances e seus efeitos são demonstrados da melhor maneira possível por meu pai, Allen Funt. Se você ainda é jovem, não vai se lembrar dele, mas seu programa de televisão *Candid Camera* foi o primeiro que observou como as pessoas autênticas reagiam a situações encenadas. Famílias de todas as gerações reuniam-se nos sábados à noite, com uma grande tigela de pipoca amanteigada na mão, para ver o último episódio juntas, e, ao contrário de seus sucessores, o programa ria com as pessoas, não delas. Meu pai amava o programa tanto quanto seu público. Sentado sozinho assistindo às edições, ele ria tanto que chegava a cair da cadeira.

Uma das cenas mais famosas chamava-se "Olhe para trás".[7] Os atores entravam no elevador e esperavam até que um passageiro de verdade entrasse. Então, conforme combinado, os atores viravam-se de frente para o fundo do elevador. E o passageiro fazia o mesmo. Depois, os atores viravam o rosto para a esquerda. E o passageiro fazia o mesmo. Na sequência, os atores tiravam o chapéu. E o passageiro fazia o mesmo.

Essa imitação inconsciente tem um nome.[8] Chama-se "conformidade social". Imitamos, imitamos e imitamos. Se alguém trabalha após o expediente, trabalhamos também. Se alguém verifica os *e-mails* a cada segundo como um pica-pau, fazemos o mesmo. Se nossos colegas acumulam informações, acumulamos mais informações ainda. O ciclo de *feedback* é constante

7 Funt, Juliet. Elevator. **Vimeo**, jan. 2016. Disponível em: https://vimeo.com/158177447/233c75dc65.

8 Henderson, Rob. The Hidden Power of Conformity. **Psychology Today**, 4 set. 2019. Disponível em: https://www.psychologytoday.com/us/blog/after-service/201909/the-hidden-power-conformity.

e recíproco. Nossos colegas correm cada vez mais rápido e nunca param para respirar. Espelhamo-nos neles e fazemos o mesmo.

Os efeitos da conformidade social são também ampliados por uma espécie de lavagem cerebral. Não estou falando de *Manchurian Candidate*[9] nem de Orwell, nem me referindo a alguma intenção maldosa proposital. Mas, se você não acreditasse que os trabalhadores foram "involuntariamente reeducados" para ver o mundo de uma forma, nunca teria um emprego. É por meio de uma sutil conversão psicológica que as pessoas inteligentes se habituam a coisas sem lógica e as toleram.

Vamos pensar em Devon, executivo sênior de uma empresa de contabilidade de grande porte, com poder e posição inegáveis. Ele comanda a empresa, mas concorda com uma programação diária ininterrupta e tão implacável que mal tem tempo de ir ao banheiro. Contou-me a história de uma sequência de reuniões das quais participara no dia anterior. Quatro reuniões foram programadas, cada uma para convencer um grupo e depois para convencer as camadas superiores a aprovar um projeto. Taticamente, ele precisava participar apenas de uma reunião, a última, mas a equipe queria sua presença e ele concordou. Na quarta reunião Devon conhecia tão bem o conteúdo que sussurrava as palavras. E continuou sentado, como um elefante no cativeiro amarrado a vida inteira com uma corda franzina, sem força para lutar. Como um líder que ocupa um cargo de autoridade podia desperdiçar seu tempo daquela maneira? Foi o culto ao excesso de trabalho que o fez beber o Kool-Aid.[10]

9 Livro escrito por Richard Condon sobre o filho de uma poderosa família com tradição política nos Estados Unidos que sofre lavagem cerebral para se tornar um assassino involuntário a serviço do Partido Comunista. A obra foi adaptada para o cinema em duas ocasiões. Disponível em: pt.wikipedia.org/wiki/The_Manchurian_Candidate. Acesso em: 5 jan. 2022. [N. do T.]

10 Alusão à bebida que levou o falso guru Jim Jones a suicidar-se e a provocar um suicídio em massa em 1978. [N. do T.]

As exigências do tempo gasto no trabalho são uma área de intensa conformidade que ameaça o espaço em branco. Sempre vejo a cicatriz desse modo de trabalhar quando contratamos funcionários que não procedem de um típico ambiente corporativo. Eles me confidenciam tudo, mas, de forma mais ampla, consideram nossa cultura um ajuste como Results Only Work Environment [Ambiente de trabalho apenas voltado para resultados] ou ROWE. Significa que só nos preocupamos com resultados, e não queremos saber quando ou onde os funcionários trabalham. Não queremos saber se trabalham nos fins de semana, nos dias úteis, durante a noite, de manhã, dentro de uma caixa, com uma raposa ou em uma luta de besouro contra besouro com um *poodle* que gosta de comer macarrão.[11]

A transição de um membro da equipe não me sai da cabeça. Uma mãe de duas crianças com uma firme ética profissional escreveu em sua segunda semana de trabalho: "Preciso levar minha filha ao pediatra na quinta-feira, tudo bem?". Respondi escrevendo apenas isto na linha de assunto: ROWE e uma carinha sorrindo. Então chegou outro: "Meu marido e eu estamos comemorando aniversário de casamento e estamos pensando na possibilidade de sair da cidade". Minha resposta: "ROWE: Tomem uma taça de champanhe por mim". Ela levou dois meses para abandonar o hábito enraizado de sentar-se em um determinado lugar por um determinado período de tempo durante o horário de trabalho.

Essa conformidade e lavagem cerebral nos fazem competir pelo direito de nos gabar desses jogos corporativos. "Trabalhei até 2 horas desta madrugada". "Não preciso parar para almoçar". Uma parte enorme da força de trabalho simplesmente prepara-se para algo doloroso e inevitável: o trabalho vai ficar mais agitado, mais árduo e com mais frustrações... para sempre.

[11] Personagens do livro *Fox in the Socks* escrito pelo dr. Seuss. [N. do T.]

Abandonar o hábito de imitar os outros é um passo fundamental para ganhar espaços em branco. Também convida outros a fazerem o mesmo. Solomon Asch, pioneiro na pesquisa de conformidade social, descobriu que, quando apenas uma pessoa de um grupo pequeno se posiciona contra a escolha da maioria, essa atitude pode reduzir a conformidade em até 80%. Em grupos maiores um discordante não causa um impacto dessa magnitude, mas certamente faz diferença. Se você está no início de carreira ou, por outros motivos, não sente que tem poder para exercer esse tipo de influência, modere suas ambições, mas não desista. E se sua equipe ou sua divisão for o catalisador de uma onda de conformidade positiva em razão de suas escolhas corajosas e inteligentes? E se você, ao introduzir oxigênio para alimentar seu dia, for exemplo para um colega de equipe e vocês trabalharem juntos para mudar a maneira de pensar do grupo? Será que suas ações não seriam o primeiro passo de conformidade positiva para todos ao seu redor?

Desperdício

Se a insaciabilidade mata a pausa por meio do fator "quanto", e a conformidade por meio do fator "quão comum", o desperdício faz isso por meio do fator "quão idiota". O trabalho de baixo valor é uma das ameaças mais lamentáveis para sua pausa porque, além de ter um custo alto, é estafante para os seres humanos.

Quando a *Harvard Business Review* criou o Bureaucracy Mass Index [Índice de Massa da Burocracia (BMI)] para medir a extensão da "esclerose burocrática" nas empresas, constatou que, em média, 28% do tempo do trabalhador — mais do que um dia por semana — eram gastos em tarefas burocráticas, como participar de reuniões maçantes, obedecer aos pedidos internos, conseguir aprovações e preparar relatórios desnecessários.[12] Isso é bastante padrão. Mas padrão e ótimo não são sinônimos. Se você é um adolescente que joga *videogames* por um tempo padrão, ainda assim me preocupo com você. Se você está em um quarto de hotel com um número padrão de tomadas elétricas, são poucas.

Converse com pessoas autênticas e elas vão admitir que o estresse diário de desperdício de tempo e pedidos complicados demais lhes são extremamente prejudiciais, mas elas se apresentam de manhã com um sorriso forçado no rosto. Esse sofrimento tolerado traduz-se em custos altos nos negócios — na retenção, no moral, na satisfação do funcionário e na participação dele. Os custos em termos humanos são também verdadeiros — no bem-estar e na felicidade das pessoas e no equilíbrio entre trabalho e vida. Os funcionários não conseguem manter o ritmo nem conseguem imaginar uma forma de se redimir.

O custo oculto do trabalho exaustivo

Se a observação dos impactos comerciais e humanos não for suficiente para nos impelir a mudar, a análise do lado financeiro será. Dinheiro é uma língua que todos conhecem. E também uma língua que devemos ouvir quando o assunto é trabalho exaustivo. As empresas que direcionam seu talento para dias repletos de ações desperdiçadas estão permitindo que o dinheiro voe pela janela. Mas elas não dimensionam isso, portanto nada muda. Não há nenhuma linha sobre lucros e perdas quando as perdas ocorrem por conta de "reuniões tão maçantes que resolvi apelar para o jogo da forca" ou "escrever bobagens que ninguém lê".

12 Hamel, Gary; Zanini, Michele. What We Learned About Bureaucracy from 7,000 HBR Readers. **Harvard Business Review**, 10 ago. 2017. Disponível em: https://hbr.org/2017/08/what-we-learned-about-bureaucracy-from-7000-hbr-readers.

Essas áreas de comportamento são fenomenalmente caras, mas silenciosamente toleradas. Tal qual um gambá atravessando uma rodovia movimentada, andamos sem destino, ignorando o impacto futuro. Isso me faz pensar: "Precisamos de muito, muito mais sofrimento". De um sofrimento de nível Lego. O melhor caminho para chegar lá, descobri, é com uma calculadora.

Digamos que você contratou Hannah, sua nova chefe de operações, por 100 mil dólares/ano. Você lhe pagará esse mesmo valor sem considerar o modo como o tempo dela é dividido entre valor e desperdício. Se cada segundo do dia dela é dedicado a um trabalho importante, se ela revoluciona sua empresa, ganha um prêmio do setor industrial e faz seus acionistas dançarem literalmente a macarena em cima da mesa de reuniões, você lhe pagará 100 mil dólares por ano. Se, ao contrário, Hanna desperdiçar a metade do dia vasculhando a imensa floresta da caixa de entrada de *e-mails* e a outra metade realizando múltiplas tarefas em reuniões mal preparadas, você lhe pagará 100 mil dólares por ano. A verdade é mais ou menos assim:

Tempo e custo de Hannah

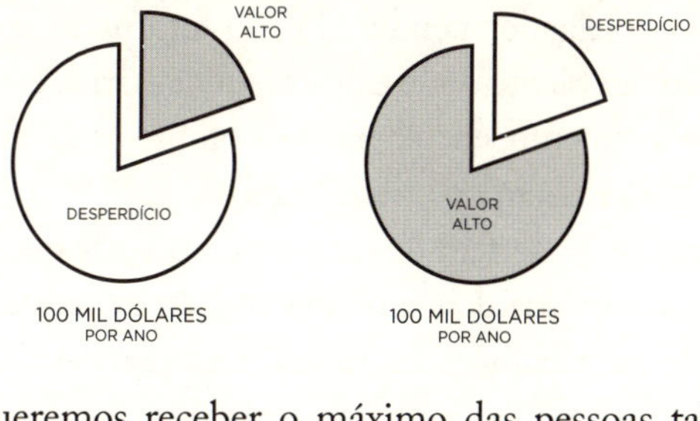

Se queremos receber o máximo das pessoas talentosas, temos de entender esses custos e deixar que elas deem forma às nossas escolhas. Faz anos que minha empresa ajuda as organizações a calcularem o preço do trabalho de baixo valor.

Tendo como parâmetro a *Fortune 100 clients*, fizemos uma rápida avaliação do "antes" para ter uma ideia do desperdício que gostaríamos de reduzir em nossa organização. Realizamos uma análise de custo completa, usando os salários como base para determinar o valor de cada hora. Investigamos várias áreas de desperdício de tempo: reuniões sem sentido, envio de *e-mails* desnecessários, inclusive de respostas para todos e até para destinatários com cópias ocultas, comunicação extra por meio de *chats*, mensagens instantâneas e outros canais digitais, os quais criam apresentações e relatórios além da profundidade taticamente relevante aos negócios e interrompem cada um ao bel-prazer (causando um tempo de recuperação prejudicial para retornar à tarefa), e os custos de rotatividade e retenção relativos a um ambiente sobrecarregado. Vemos, em média, para cada *50 profissionais*, mais de *1 milhão de dólares de desperdício anual* em razão do excesso de trabalho.

Assimile a verdade desse cálculo. Espero que ele deixe você um pouco maluco. Principalmente se você assina os cheques. Furioso seria a palavra ideal se você conseguir chegar lá. O nível de ineficiência jamais seria tolerado no mundo da manufatura. Em uma fábrica com esse nível de desperdício, o apito seria tocado, a música do filme *Missão impossível* começaria e os consultores do Lean/Six Sigma[13] desceriam por meio de fios delgados pendurados no teto para limpar tudo. Mas em um ambiente onde existem funcionários com alto nível de conhecimento, encolhemos os ombros e dizemos a nós mesmos: "Ah, é assim que trabalhamos".

No entanto, não tem de ser assim. Você diz que sua equipe de tamanho reduzido simplesmente não consegue realizar a quantidade de trabalho a ser feito? "É impraticável", você diz.

[13] Metodologia que busca melhorar o desempenho das empresas, identificando e eliminando os desperdícios, sustentando e maximizando o sucesso dos negócios. [N. do T.]

"Temos nove pessoas realizando o trabalho de 14." O problema é que você tem largura de banda oculta em sua equipe, uma largura de banda mal aplicada que pode ser liberada. Se você reduzisse a pilha, nove pessoas poderiam fazer o trabalho de nove pessoas? Poderiam, e até teriam tempo para um pequeno espaço em branco. Para conseguir isso, os profissionais devem fazer a si mesmos perguntas que destruam o impasse da apatia, perguntas que aumentem os níveis saudáveis de desconforto, tais como:

- Qual é o nosso custo oculto do excesso de trabalho de baixo valor quando calculado de acordo com o valor de nosso talento?
- Que oportunidades preciosas em inovação, solução de problemas ou serviço aos clientes nos faltam porque nossa equipe está atarefada demais cuidando de coisas erradas?
- Como nossa equipe de vendas poderia aumentar sua taxa de fechamento se houvesse espaço em suas agendas para recuar de vez em quando e pensar mais em cada cliente?
- Como líderes, o que poderíamos realizar se abríssemos um espaço de tempo nos afastando de decisões que não precisamos tomar?

E não se esqueça de fazer mais uma pergunta — a pergunta que diz respeito ao custo pessoal e humano para você. Você está disposto a perguntar e depois dar uma olhada corajosa na resposta para: "Qual é o preço disso para você?". Essa aventura selvagem e cafeinada de conquista e futilidade pode ser tudo ao mesmo tempo. Qual é o preço disso para você? Se você for como eu e meus clientes, pagou alguns preços. E, embora o arrependimento não seja uma das emoções mais fáceis, ele nos ajuda a corrigir a direção.

Só tijolos e sem argamassa

Para muitos de vocês que estão lendo este livro, está surgindo uma dose de conscientização. Agora você vê que você e seus colegas não têm tempo para pensar e você não pode se dar ao luxo de levar o que tem de melhor à mesa todos os dias. Encontrar tempo para uma pausa parece essencial, mas está além de sua atual capacidade. Fique tranquilo, você tem o meu apoio e chegaremos lá. Mas antes eu gostaria de ajudá-lo a evitar alguns erros que poderiam ir de encontro às suas boas intenções, principalmente se você trabalha em uma organização de grande porte.

Quando resolvem esses problemas, as grandes empresas referem-se às suas metas sob o título de simplificação, melhoria na eficiência ou treinamento de produtividade, e invariavelmente começam com um determinado conjunto de ajustes previsíveis e, em grande parte, logísticos. Primeiro vêm as reorganizações. E as reorganizações e as reorganizações e as reorganizações. Infelizmente, a mudança na dança das cadeiras não é igual à maneira como as pessoas trabalham.

A seguir os líderes selecionam alguns métodos para simplificar o trabalho que, assim como as reorganizações, são também logísticos: aperfeiçoamento da tecnologia, automação e uma espécie de Lean/Six Sigma ou trabalho padronizado. Certamente cada um desses ajustes tem valor. Mudanças logísticas são o que chamamos de *tijolos*. Os tijolos que são assentados na casa da eficiência.

Contudo, a maioria das empresas se esquece de adicionar o ingrediente companheiro: a *argamassa*. Mudanças de comportamento são o que chamamos de argamassa, e sem ela a casa inteira fica instável. Se os integrantes de sua equipe não sabem dizer "não" a um pedido desnecessário, escrevem resumidamente ou praticam o controle do impulso para preservar a capacidade de concentração uns dos outros sem interrupção, você pode dedicar-se à logística por muito tempo sem chegar a uma condição de eficiência.

Não é por falta de tentativas que as empresas negligenciam a argamassa. Ninguém lhes falou sobre sua importância. Corey Rewis, diretor de aprendizagem de uma empresa de seguro mundial, contou que, em seu emprego anterior, uma das estratégias organizacionais usadas para melhorar o andamento do trabalho era a competição, uma tática não diferente das outras que tenho visto. Os funcionários submetiam ideias para simplificar o trabalho da empresa e recebiam prêmios pelas melhorias que economizavam muito tempo ou dinheiro. No decorrer de três anos foram adotadas muitas sugestões positivas: redução de formulários e papelada, menos espaço no *software* de rastreamento de clientes, automação de cálculos em planilhas e dezenas de outras melhorias logísticas. Quando, porém, perguntei a Corey quantas sugestões se relacionavam a comportamento, isto é, quantas sugestões haviam produzido mudanças no modo como o pessoal agia e interagia, ele titubeou, envergonhado. Depois de uma avaliação de fração de segundo, vi em seus olhos o que estava acontecendo. Ele sorriu e me deu a resposta. Nenhuma. Os tijolos estavam sendo assentados, mas sem a argamassa.

O mais próximo que muitas empresas chegam quando se trata de abordar aspectos de mudança de comportamento é introduzir intervenções isoladas, sem fundamento, o que pode ser contraproducente. Aposto 1 dólar com você que sua empresa tentou alguma destas táticas: nenhuma reunião às sextas-feiras (sempre uma tática clássica), uma aula de etiqueta relativa a *e-mails*, menos *slides* nas apresentações ou publicar um conjunto de regras ou valores básicos de eficiência que produzem belos cartazes, mas que dificilmente são integrados.

O tão previsível ciclo de vida dessas mudanças pontuais ocorre mais ou menos assim. No primeiro mês todos obedecem fielmente ao corte de reuniões às sextas-feiras.

No segundo mês todos começam a cochichar: "Sei que hoje é sexta-feira, mas preciso *muito* me reunir com você". No terceiro mês a única coisa que sobrou nas ruínas empoeiradas do corte das reuniões de sexta-feira são as pessoas rindo com zombaria quando há uma reunião nesse dia. Quando uma equipe segue essa tática, além de errar, você piorou. Criou uma bactéria resistente a antibióticos. Cada vez que você perde a briga publicamente com o trabalho exaustivo, essa perda solidifica a crença de que ele nunca pode ser derrotado. Você prova que não vale a pena tentar, e a resignação fortalece o poder do trabalho exaustivo.

Lembre-se de que sou turista corporativa, não uma residente. Nunca trabalhei um só dia como funcionária de empresa. Meu trabalho com "os residentes" dentro das organizações tem me abençoado com uma profunda reserva de empatia, que se expande com o passar do tempo. Ele me dá também objetividade para reconhecer um aviso de saída piscante, invisível para as organizações. Posso ver um caminho melhor e logo você também o verá — um caminho que reforça seus tijolos porque acrescenta a argamassa (mudanças de comportamento) e também lhe dá uma referência compartilhável da qual todos podem fazer uso.

A vitória é possível

Alguns residentes têm uma vantagem. Estão dispostos a dar uma olhada sincera para ver o que se passa. Estão também dispostos a olhar no espelho. Kevin era um desses. Ele é o gerente de vendas que todos nós gostaríamos de ter — atencioso, solidário e profundamente comprometido com seu pessoal. Exigia muito deles e eles retribuíam na mesma proporção. No entanto, no primeiro dia da iniciativa de um espaço em branco em sua divisão, Kevin teve de enfrentar uma situação complicada. Sua equipe não estava tão focada nem tão contente quanto ele imaginava. Ainda me lembro da expressão de seu rosto enquanto ele olhava fixamente para a pergunta de uma pesquisa que fizemos a seus gerentes: "Quantos de vocês se sentem estressados no trabalho todos os dias?". A resposta desencorajadora foi 100%. Apesar de décadas de comprometimento com a empresa, ele levantou a cabeça calmamente e me disse: "Se eu não conseguir resolver este problema, peço demissão".

Trabalhando em conjunto, essa equipe adotou uma nova maneira de pensar, aplicando a lente do espaço em branco em todos os seus pontos de referência. Criaram uma política de tolerância zero com o trabalho sem sentido, retirando, como exemplo, um relatório mensal que, segundo perceberam, gastava um total de 1.200 horas por ano ou 58% das horas de um funcionário que trabalhava em tempo integral. Substituíram o relatório por uma comunicação das "melhores conquistas" do mês, que a pessoa levava três minutos por mês para compilar.

Em seguida, protegeram rigidamente seu tempo recém-liberado, sabendo que a bobagem corporativa abomina o vácuo. Destinaram ao departamento inteiro um tempo para pensar, das 8 às 9 horas, apesar das reclamações dos colegas de fora que não entendiam a lógica e queriam ter acesso ininterrupto à equipe. Criaram um intervalo maior entre as reuniões, que duravam religiosamente entre 25 e 45 minutos. Um ano depois, as pesquisas de acompanhamento mostraram, entre outras vitórias, uma queda de 20% no estresse e melhorias de 22% no acúmulo de tarefas. Kevin sentiu orgulho dessas vitórias numéricas, porém o que lhe agradou foi que sua equipe passou a sentir-se mais calma e no controle. Foi o que ele prometeu a si mesmo e, neste caso, cumpriu a promessa.

Alimente o fogo

Nestes primeiros capítulos, nosso objetivo é realizar uma coisa — destruir o fascínio da Cultura da Insaciabilidade.

Conscientizamo-nos mais do sofrimento da sobrecarga de trabalho, calculamos o custo do trabalho exaustivo e vimos a falácia de sair em busca do mais. Na segunda parte, "O caminho de acesso ao espaço em branco", deixaremos para trás o sofrimento que nos empurra e analisaremos uma visão que nos puxa em direção a algo novo.

Para relembrar esse sonho motivador, reserve um minuto neste instante para reimaginar seu trabalho. Livre-se das obrigações e responsabilidades. Visualize o ambiente que você consideraria ideal para trabalhar e como gostaria de se apresentar. Como seria o trabalho? Talvez calmo, criativo e vital? Como seriam as interações de sua equipe? Talvez sinceras, claras e confiáveis? E quanto a você — que talento ou objetivo você gostaria de ver brilhar nas cinzas abaixo de você?

Seja qual for esse sonho — prestar um serviço verdadeiro, dar asas à sua criatividade, liderar com o coração ou criar uma cultura de trabalho que ressoe com eficiência e graça — é isso que oxigenaremos agora com o poderoso fole do espaço em branco.

PARE UM MINUTO PARA PENSAR... NO FALSO DEUS DO TRABALHO EXAUSTIVO

LEMBRE-SE:

- Insaciabilidade — desejo de querer constantemente mais e o melhor de todas as coisas — precisa ser entendido e questionado.
- A conformidade social reforça as convicções e os hábitos problemáticos. A conformidade positiva pode mudar esse paradigma.
- Somos muito complacentes com tarefas de baixo valor e trabalho desnecessário, que são extremamente caros em termos de energia humana e tempo dedicado ao talento.
- Acrescentar argamassa (mudanças de comportamento) aos tijolos (mudanças logísticas) torna mais estável a casa da eficiência que estamos construindo.

PERGUNTE A SI MESMO:

- "Que preço estou pagando por minha adoração ao trabalho exaustivo?"

SEGUNDA PARTE

II

O CAMINHO DE ACESSO AO ESPAÇO EM BRANCO

3

A PAUSA ESTRATÉGICA

ABRINDO ESPAÇO PARA A REALIDADE DO DIA A DIA

UM POUCO DE OXIGÊNIO TODOS OS DIAS VAI FAZER VOCÊ BRILHAR.

Danielle Bishop estava bastante satisfeita como diretora de contas nacionais do Pinehurst Resort, na Carolina do Norte. Muitos diriam que sua vida era glamorosa e invejável, elaborando cardápios que iam de saborosos *steak* à Diana até suflê de chocolate amargo para jantares elegantes enquanto contemplava cardeais sobrevoando o campo de golfe. Porém, mesmo na casa dos 20 anos de idade, Danielle sabia que queria ter seu próprio negócio, embora fosse nesse ponto que sua clareza terminava. Por ela ser uma pessoa empreendedora e mover-se com rapidez, as ideias nem sempre acompanhavam seu ritmo.

Depois de descobrir o espaço em branco, Danielle começou a aceitar o pensamento estratégico de forma diferente. Sob a claridade amarelada do fim de tarde e com uma taça de Chardonnay (porque todos nós sabemos que a única coisa melhor que o espaço em branco é o vinho branco), ela concluiu: "É incrivelmente importante permitir um espaço em branco a nós mesmos para ver até onde vão nossos pensamentos e o que borbulha neles, prestando atenção de verdade em algumas dessas coisas".

Meses depois, com apenas um celular, uma planilha e um sonho, ela se demitiu do emprego e abriu um negócio próprio, a HB Hospitality, que organiza eventos para planejadores de reuniões de empresas multinacionais, cujos *resorts* "excedem as expectativas", como o Broadmoor, no Colorado, ou o Pebble Beach Resort. Para ela, o responsável por essa mudança foi o espaço em branco.

Todas as vezes que ela estabelecia uma meta para si mesma, como dez eventos por ano, ou 20, ou o marco histórico que finalmente alcançou de 75 eventos anuais, ela encontrava tempo para o pensamento estratégico, deixando aquela aspiração específica ser filtrada por ele. Danielle explica: "É aí que a mágica acontece".

Com a chegada da crise econômica de 2020, quando a maior parte de sua renda evaporou, ela recorreu mais uma vez ao espaço em branco para encontrar uma solução. E explicou: "Permiti que minha mente trabalhasse e eu apenas observava as ideias e os pensamentos que surgiam. Alguns eram bons, outros não. Separei os bons e apliquei-os à minha equipe; em dois meses, reinventamos completamente o modelo de nosso negócio para melhor. Eu não gostaria de passar por esse processo de novo, mas estamos mais fortes graças a ele".

Danielle não é uma pessoa privilegiada. Simplesmente se permitiu fazer uma pausa repetidas vezes, sempre que necessitava de uma. Não seria exagero dizer que esse hábito mudou sua vida. Neste capítulo, você "vai conseguir o que ela estava conseguindo".

Depois de uma longa jornada pelo caminho do espaço em branco, você fará quatro mudanças primordiais que o empurrarão para a frente:

- Vai descobrir como usar o espaço em branco e fazer *pausas estratégicas* para reduzir o ritmo de trabalho e permitir-se um minuto para pensar.
- Vai conhecer e desmascarar os *ladrões do tempo*, tendo mais consciência de como nossos pontos mais fortes podem nos impedir de realizar o melhor trabalho.
- Vai aprender as *perguntas simplificadoras* — 25 palavras escolhidas a dedo que vão rapidamente "configurar" sua visão sobre o que é, de fato, importante.

- Vai esquecer a miragem da *urgência alucinada* para ter e reter o equilíbrio, apesar dos problemas ao seu redor que exigem atenção.

Você também verá exemplos de progressos no espaço em branco, como os de Danielle, que o inspirarão e o ajudarão a ter fé na possibilidade de trabalhar de modo diferente. Com essa metodologia no bolso, você será capaz de buscar, com toda confiança, o melhor da vida e encontrar tempo para pensar na realidade do dia a dia.

A massa cinzenta ama o espaço em branco

A ciência confirma essa afirmação. As pausas são úteis para a execução do trabalho.

Adam Gazzaley, um premiado neurocientista que trabalha em São Francisco, ajudou-me a entender por que a interrupção periódica de atividade em nosso dia de trabalho é tão necessária e eficaz. Quando realizamos tarefas complexas e exaustivas sem dar tempo ao cérebro de se recuperar, sentimos fadiga cognitiva. Ela esgota os recursos limitados do cérebro e causa impacto negativo na execução do trabalho. Estudos mostraram que o lobo frontal — a parte do cérebro que controla nossos níveis mais altos de cognição e função executiva — é particularmente suscetível à fadiga cognitiva. Sem as funções executivas do lobo frontal, não somos capazes de criar estratégias nem de executar planos complexos com maestria e eficiência. Conforme Adam explicou, pesquisas sugerem que o único caminho *conhecido* para recuperar a exaustão cognitiva é dar uma pausa ao nosso cérebro.[1]

O espaço em branco na rotina diária de qualquer pessoa permite que o lobo frontal se reagrupe e se reajuste, o que

[1] Adam Gazzaley, entrevistado pela autora e pelo representante da autora em 25 jul. 2020.

produz um processamento neural mais eficiente e aumenta a produtividade. Também produz mais criatividade. Um componente essencial da solução criteriosa de problemas é a capacidade de relacionar o pensamento atual com experiências anteriores, o que exige comunicação entre as funções executivas dos lobos frontais e as áreas de memória do cérebro. No entanto, sem espaços livres para o pensamento, a comunicação entre essas áreas do cérebro é quase sempre prejudicada pela fadiga mental e pela sobrecarga cognitiva.

Uma imagem de ressonância magnética do cérebro durante um período tranquilo de pausa mostrará a você um conjunto incrivelmente complexo de atividade na rede neural de sua mente (o centro das funções executivas do cérebro) — atividade que está ligada à introspecção, à memória e à criatividade.[2] A pausa estratégica dá ao cérebro sobrecarregado a chance de formar as associações mentais necessárias para um novo *insight*. A pausa impulsiona a criatividade da mesma forma que fazemos a água escorrer ladeira abaixo — *basta abrir um caminho*.

Para entender por que a pausa é tão importante para a energia profissional e a qualidade do esforço, examine um estudo publicado no periódico *Cognition*.[3] A quatro grupos de pessoas foi dada a mesma tarefa para executarem durante 50 minutos. O objetivo do estudo era verificar a capacidade

2 Gilhooly, Kenneth J. Incubation and Intuition in Creative Problem Solving. **Frontiers in Psychology** 7, jul. 2016. Disponível em: https://doi.org/10.3389/fpsyg.2016.01076. Dijksterhuis, Ap; Meurs, Teun. Where Creativity Resides: The Generative Power of Unconscious Thought. **Consciousness and Cognition** 15, n. 1, 2006: 135–46. Disponível em: https://doi.org/10.1016/j.concog.2005.04.007.

3 Ariga, Atsunori; Lleras, Alejandro. Brief and Rare Mental "Breaks" Keep You Focused: Deactivation and Reactivation of Task Goals Preempt Vigilance Decrements. **Cognition** 118, n. 3, 2011: 439–443. Disponível em: https://doi.org/10.1016/j.cognition.2010.12.007.

que cada grupo possuía de manter a atenção. Somente um dos quatro grupos recebeu a instrução de fazer uma pausa em sua atividade principal, mudando o foco durante a tarefa duas vezes e depois retornando.

Três grupos apresentaram expressivos declínios de atenção durante os 50 minutos, mas um grupo, aquele com duas "mudanças", foi capaz de manter um nível uniforme de esforço durante o período todo. O estudo mostrou que até algumas breves pausas mentais no decorrer de uma tarefa podem melhorar extraordinariamente a capacidade da pessoa de se concentrar por períodos prolongados. Embora essas pausas tenham sido "preenchidas", Alejandro Lleras, que conduziu o estudo, contou-me: "A ativação e desativação de nossos objetivos permitem-nos permanecer focados".[4] Resumo: se você se afastar de sua tarefa principal, seja o que for que fizer durante esse período de afastamento, seu cérebro será redefinido e voltará a trabalhar mais e melhor ainda.

Em um exemplo do mundo real, um estudo realizado pela Universidade Cornell mostrou que os usuários de computador de uma empresa em Wall Street melhoraram sua dedicação ao trabalho em 13% quando foram lembrados de descansar e fazer pausas curtas e periódicas.[5] Os pesquisadores da Carnegie Mellon descobriram que pausas curtas, de 3 a 30 segundos, mantêm os funcionários concentrados por mais tempo em uma tarefa e melhoram a participação deles.[6] E um estudo em parceria com pesquisadores da África do Sul e da Holanda revelou que os funcionários que se envolviam no "controle proativo da vitalidade" (observando sua energia e pausas para

[4] Entrevistado pela autora em 26 fev. 2020 e nov. 2020.

[5] HEDGE, Alan. **Effects of Ergonomic Management Software on Employee Performance**. Ithaca, NY: Cornell University Press, 1999.

[6] RZESZOTARSKI, Jeffrey M.; CHI, Ed Huai-Hsin; PARITOSH, Praveen; DAI, Peng. Inserting Micro-Breaks into Crowdsourcing Workflows. **HCOMP**, 2013.

processamento interno ou descanso) eram mais criativos que seus colegas.[7]

Sabemos também que o tipo de pausa que você faz é importante. Em um estudo realizado por pesquisadores da Universidade de Illinois, em Urbana-Champaign, e da Universidade George Mason foram observados quase cem funcionários com o hábito de fazer pausas.[8] Os participantes do estudo escreveram um diário durante dez dias úteis, registrando após o almoço quanta pressão sentiam no trabalho, o que faziam durante as pausas e quanto cansaço sentiam no fim do dia. Os pesquisadores codificaram as atividades durante as pausas como relaxantes (tais como devaneios ou alongamentos), relacionadas à nutrição (fazer um lanche), sociais (bate-papo com colegas) ou cognitivas (ler ou verificar *e-mails* e redes sociais). Somente as atividades relaxantes ou sociais produziram algum benefício. As atividades cognitivas realizadas durante as pausas no trabalho *pioraram* a fadiga, provavelmente porque sobrecarregam grande parte dos mesmos processos mentais que estamos tentando reconstruir. Em uma ampla variedade de áreas, desde a neurociência e o processamento cognitivo até a criatividade, há muitas pesquisas mostrando que a pausa simplesmente nos faz trabalhar melhor.[9]

[7] Bakker, Arnold B.; Petrou, Paraskevas; Kamp, Emma M. Op Den; Tims, Maria. Proactive Vitality Management, Work Engagement, and Creativity: The Role of Goal Orientation. **Applied Psychology** 69, n. 2, 2018: 351–378. Disponível em: https://doi.org/10.1111/apps.12173.

[8] Kim, Sooyeol; Park, Youngah; Niu, Qikun. Micro-Break Activities at Work to Recover from Daily Work Demands. **Journal of Organizational Behavior** 38, n. 1, 2016: 28–44. Disponível em: https://doi.org/10.1002/job.2109.

[9] Blasche, Gerhard; Szabo, Barbara; Wagner-Menghin, Michaela; Ekmekcioglu, Cem; Gollner, Erwin. Comparison of Rest-Break Interventions during a Mentally Demanding Task. **Stress & Health** 34, n. 5, 2018: 629–638. Disponível em: https://doi.org/10.1002/smi.2830. Williams, Kathryn J. H.; Lee, Kate E.; Hartig, Terry; Sargent, Leisa D.; Williams, Nicholas S. G.; Johnson, Katherine A. Conceptualising Creativity Benefits of Nature Experience:

Se as pausas fortalecem a execução do trabalho, a pressão por muito tempo a enfraquece, como você verá em breve. Teresa Amabile, professora da Harvard Business School, descobriu que estar sob a mira de uma arma pode dar às pessoas a sensação de serem criativas quando trabalham arduamente para realizar uma tarefa. Mas os resultados conclusivos, segundo ela, foram melhores quando o cérebro tinha espaço para reflexão, sob pouca ou moderada pressão de tempo.[10] Teresa resumiu sua descoberta desta maneira: "As pessoas em geral acham que não têm tempo suficiente para fazer seu trabalho e, mais ainda, de forma tão criativa e inovadora quanto gostariam de fazê-lo".

O que o espaço em branco não é

O que acontece dentro de uma pausa estratégica? Muitas coisas podem acontecer: testar conceitos, questionar suposições, adquirir objetividade, reprogramar nosso corpo e nossa mente e abrir espaço para ideias. Contudo, talvez não

Attention Restoration and Mind Wandering as Complementary Processes. **Journal of Environmental Psychology** 59, 2018: 36–45. Disponível em: https://doi.org/10.1016/j.jenvp.2018.08.005. Robinson, Michael D.; Wilkowski, Benjamin M.; Meier, Brian P.; Moeller, Sara K.; Fetterman, Adam K. Counting to Ten Milliseconds: Low-Anger, but Not High-Anger, Individuals Pause Following Negative Evaluations. **Cognition & Emotion** 26, n. 2, 2012: 261–281. Disponível em: https://doi.org/10.1080/02699931.2011.579088. Trougakos, John P.; Beal, Daniel J.; Green, Stephen G.; Weiss, Howard M. Making the Break Count: An Episodic Examination of Recovery Activities, Emotional Experiences, and Positive Affective Displays. **Academy of Management Journal** 51, n. 1, 2008: 131–146. Disponível em: https://doi.org/10.5465/amj.2008.30764063. Allan, Julia L.; Johnston, Derek W.; Powell, Daniel J. H.; Farquharson, Barbara; Jones, Martyn C.; Leckie, George; Johnston, Marie. Clinical Decisions and Time since Rest Break: An Analysis of Decision Fatigue in Nurses. **Health Psychology** 38, n. 4, 2019: 318–324. Disponível em: https://doi.org/10.1037/hea0000725.

10 Amabile, Teresa; Kenny, Brian. Does Time Pressure Help or Hinder Creativity at Work?. **Cold Call** podcast, Harvard Business School Working Knowledge, 7 dez. 2017. Disponível em: https://hbswk.hbs.edu/item/does-time-pressure-help-or-hinder-creativity-at-work.

estejamos acostumados a ter um tempo livre e flexível e é comum sentir insegurança sobre como esse tempo vai ser. Para reduzir o campo de ação, vamos excluir alguns conceitos semelhantes que *não* são espaços em branco e imaginar cada um deles como variações de um passeio com seu cão pelo parque.

Espaço em branco não é meditação. Basicamente, meditação é uma experiência para disciplinar a mente. Quando você medita, escolhe um ponto de foco, como um mantra, uma vela, uma palavra ou a respiração, e, aos poucos, encoraja sua mente a retornar repetidas vezes ao ponto de foco. Quando sua mente divaga, como costuma fazer um bilhão de vezes por minuto, você a traz de volta sem julgamento. Aqui o cão (ou sua mente) está na coleira, e, quando ele começa a se afastar, dizemos gentilmente: "Junto!".

Espaço em branco não é divagação mental, o que geralmente é uma experiência involuntária. Fora dos raros ambientes de pesquisa, não a escolhemos; ela simplesmente acontece. Nessa ocorrência frequente, a mente viaja sem sua permissão. Você está sentado diante da mesa de trabalho escrevendo um relatório importante e, de repente — vapt, vupt!, já está na internet pesquisando o preço de uma panela elétrica de arroz. Como você chegou a esse ponto? Quase sempre você não faz nenhuma ideia. A divagação mental é quando o cão se livra da coleira enquanto você está comprando um sorvete e surpreende-se ao ver, momentos depois, que ele atravessou o gramado.

A atenção plena, o último de nossos conceitos semelhantes, está intimamente alinhada com o espaço em branco, mas, assim como a meditação, tem um núcleo que depende de algumas instruções. Atenção plena é quando todo o seu foco e sua energia se concentram diretamente em uma coisa, como um estímulo sensorial, uma conversa ou uma tarefa. Neste caso, enquanto caminhamos pelo parque, o cão está totalmente consciente de tudo ao redor dele. Com a consciência sensorial mais acentuada, ele capta o som precioso do canto de um pássaro ou o cheiro sedutor de um carrinho de guloseimas. (Este é um cão evoluído.) O cão (nossa mente) está totalmente sintonizado e profundamente presente.

Tanto a atenção plena quanto a meditação possuem uma premissa subjacente de que nossa mente deve ser suavemente direcionada. Estamos ensinando a ela como relacionar-se com pensamentos invasivos. Quando um pensamento surge durante uma dessas práticas, nós o notamos, mas não nos envolvemos com ele. Algumas pessoas imaginam que os pensamentos são como nuvens que nos visitam e depois os visualizam flutuando ou estourando como uma bolha, porque não acompanhamos a direção que eles seguem.

Essa é a linha de demarcação. No espaço em branco, podemos acompanhar os pensamentos. Podemos acompanhar as ideias. Descartamos totalmente as restrições. O cão pode correr pelo parque *sem a coleira*. Com plena liberdade, nossa mente investiga, alonga-se e recupera-se.

Usos da pausa

A ciência e o bom senso nos dizem que fazer pausas e descansar nossa atenção é um caminho para aprimorar nossa energia, criatividade e solução de problemas. Esses intervalos ocorrem de quatro formas:

- Pausa estratégica para recuperar;
- Pausa estratégica para reduzir;
- Pausa estratégia para refletir;
- Pausa estratégica para ser construtivo.

A primeira, a pausa para recuperar, é o momento em que "reiniciamos" nosso cérebro e nosso corpo exaustos. A princípio, a maioria das pessoas pensa que essa pausa é o espaço em branco. A necessidade desse tempo de recuperação é verdadeira e vasta. Na próxima vez em que você estiver dentro de um avião no meio do dia, vai notar que muitos passageiros estão dormindo. Ao meio-dia! É porque eles nunca descansam. Muita gente de sucesso funciona quase sem se reabastecer inteiramente e ultrapassa o ponto de exaustão. Tive clientes que apresentavam sintomas leves de pneumonia e ainda assim convocavam reuniões.

A segunda é usar a pausa para reduzir — reduzir matematicamente a carga em seus ombros. A pausa para reduzir permite que você deixe de lado o que é desnecessário e chegue como uma escavadeira abrindo espaço para todo o resto. (Esse tipo de pausa é tão importante em nosso mundo abarrotado de compromissos que será analisado em detalhes no capítulo 5.)

A terceira, a pausa para refletir, dá-nos o tempo de afastamento que produz objetividade a respeito de nosso trabalho e leva as primeiras ideias ao próximo nível. É o tempo para tomar decisões sem distração e para entender o que está ocorrendo ao seu redor e dentro de você. Para os profissionais da área financeira, a pausa para refletir pode ser olhar para os números e tentar ouvir a história que eles revelam sobre o futuro e o passado. Para os profissionais de *marketing*, é trazer à mente o cliente ideal e aprofundar-se imaginando quais são suas necessidades.

Para Jeff Weiner, CEO do LinkedIn, a pausa para refletir tem sido uma ferramenta determinante que ele usa para promover sua carreira vitoriosa, que inclui índices de aprovação executiva quase perfeitos no *site* Glassdoor e um histórico impressionante de filantropia. Weiner é bastante conhecido por não programar "nada" em sua agenda, e diz que isso é "absolutamente necessário" para executar seu trabalho. Weiner possui companheiros ilustres. Phil Knight, da Nike, tinha uma cadeira reservada para ele, em sua sala de estar, apenas para devaneios.[11] Jack Welch, ex-CEO da GE, passava uma hora por dia "olhando pela janela do tempo", conforme ele dizia.

[11] Knight, Philip H. **Shoe Dog:** A Memoir by the Creator of Nike. New York: Simon & Schuster Books for Young Readers, 2019.

Talvez o mais famoso tenha sido Bill Gates, durante seu mandato na Microsoft. Duas vezes por ano ele se isolava em uma cabana na mata para suas famosas "*think weeks*".[12] Durante esse período, ele se debruçava pensativamente sobre documentos, livros e artigos, anotando suas respostas e as ideias que se originavam deles. Somente duas entregas diárias de refeições e uma geladeira abastecida com refrigerantes *diet* competiam para chamar sua atenção. Sem internet. Sem amigos e sem família. Sem responsabilidades operacionais. Sim, é verdade que ele passava dezoito horas por dia lendo, mas era a reflexão, naquele tempo de leitura, que erguia sua empresa quando ele retornava.

Tenho visto que essa pausa para reflexão tem aumentado os níveis de desempenho das equipes de venda, até daqueles que são incrivelmente brilhantes e mestres na arte do convencimento. Estou me referindo aos executivos de grande sucesso que se sentam em sua cadeira Herman Miller às 13h59min para uma chamada às 14 horas, colocam o fone de ouvido sem derramar o café, e se lançam ao trabalho com a precisão de um neurocirurgião — ou assim eles imaginam.

Tão logo eles incluem o hábito de utilizar alguns momentos do espaço em branco para reflexão antes de cada chamada, às vezes se dão conta de que estavam deixando dinheiro em cima da mesa. Em apenas três ou quatro minutos de profunda reflexão sobre a próxima conversa eles podem estar *verdadeiramente* preparados, fazendo perguntas como: "O que deu certo na última conversa e o que não deu?", "Quem é essa pessoa e pelo que ela se interessa?", "Como posso levar adiante esse relacionamento de uma forma que ainda não pensei?". Momentos depois eles estão conversando com possibilidades muito grandes de sucesso.

[12] Guth, Robert A. In Secret Hideaway, Bill Gates Ponders Microsoft's Future. **The Wall Street Journal**, 28 mar. 2005. Disponível em: https://www.wsj.com/articles/SB111196625830690477.

O quarto tipo de pausa, a pausa para ser construtivo, é a reflexão como uma ferramenta produtiva de negócios. Elaborando planos, idealizando produtos, imaginando mensagens — é na pausa construtiva que desenvolvemos a criatividade na mente. Este é o tempo de crescimento, inovação e solução de problemas. Para os profissionais de *marketing* e para os criativos, a pausa para ser construtivo pode produzir o próximo conceito. Os executivos passam esse tempo imaginando estratégias porque há alguns pensamentos que não nos vêm à mente enquanto andamos apressados pelo corredor.

Durante a pausa para ser construtivo, nosso pensamento talvez não seja um cão da raça *greyhound* (galgo inglês) correndo disparado em linha reta até a chegada, mas mais parecido com uma borboleta — parando em lugares imprevisíveis antes de retornar com o néctar. O processo pode ter fluidez e estar entrelaçado dentro e fora do assunto em questão.

Essa flexibilidade é essencial para o resultado desejado. Quando empacamos em um problema, muitas vezes continuamos a fazer as mesmas associações e seguimos as mesmas opções sem sucesso. Ao nos afastarmos, envolvemo-nos com outras atividades mentais e experimentamos o que chamamos de "períodos de incubação", processos mentais inconscientes que auxiliam na solução criativa de problemas.[13] Os cientistas também descrevem esses processos como "esquecimento benéfico".[14] Podemos nos permitir reconectar nosso pensamento, quando estamos descontentes com associações inúteis, e substituí-las por soluções novas e inéditas, ou seja, exatamente por aquilo que desejamos.

[13] RITTER, Simone M.; DIJKSTERHUIS, Ap. Creativity — The Unconscious Foundations of the Incubation Period. **Frontiers**, 11 April 2014. Disponível em: https://www.frontiersin.org/articles/10.3389/fnhum.2014.00215/full.

[14] The Benefits of Forgetting. **American Psychological Association**. Disponível em: https://www.apa.org/pubs/highlights/peeps/issue-26. Acesso em: 5 jan. 2021.

Uma versão dessa verdade foi resumida por Mihaly Csikszentmihalyi, autor de *Flow: The Psychology of Optimal Experience*,[15] e um avô incomparável de criatividade aplicada. Ele escreve: "Em termos de usar a energia mental com criatividade, talvez a diferença mais importante entre as pessoas consista na quantidade de atenção descomprometida que resta para lidar com a novidade".

O legendário John Cleese, cofundador do [grupo de comédia] Monty Python, com quem tive a honra de falar sobre o uso que ele faz do espaço em branco, ensinou a empresas e executivos, durante anos, que havia dois tipos de trabalho — o que ele chama de "modo aberto" (criativo, fluente, não estruturado) e de "modo fechado" (executar, fazer).[16] Cleese acredita que devemos entrar no modo aberto (o que chamaríamos de pausa estratégica para ser construtivo) por um período de tempo saudável, idealmente 90 minutos, a fim de que nossa mente peneire a primeira onda de distrações e depois limpe o local para recreação.

Para entrar no modo aberto, Cleese diz que devemos criar "limites no espaço e limites no tempo", afastando-nos das pessoas e das obrigações por um período de tempo específico. Seu conselho é simplesmente pensar até conseguir uma recompensa. "Se você continuar a refletir no assunto de modo amigável, porém persistente, mais cedo ou mais tarde receberá uma recompensa de seu subconsciente. Talvez mais tarde, debaixo do chuveiro ou talvez no café da manhã, um novo pensamento surgirá de repente, se antes você dedicar um tempo para pensar".

15 New York: Harper & Row, 1990.

16 Collins, Bryan. John Cleese on How to Become More Creative and Productive. **Forbes**, 25 fev. 2020. Disponível em: https://www.forbes.com/sites/bryancollinseurope/2020/02/25/john-cleese-on-how-to-become-more-creative-and-productive/?sh=17af3c446857.

As organizações instituíram tempo para o pensamento formal com os resultados bilionários das invenções da 3M de fita-crepe, *post-its*, até Google AdSense. Os chefes que normalmente não entendiam o significado do "modo aberto" com referência aos negócios se convenceram em razão de descobertas lucrativas como essas.

O garoto-propaganda do espaço em branco construtivo foi outro John que conheço. Ele é segurança de uma empresa da Fortune 200 que se orgulha de patentes inovadoras. Dentre todos os brilhantes profissionais de inovação de sua equipe, é John, trajando seu uniforme, sentado diante dos monitores de vigilância, quem detém o recorde da maioria das patentes.

De fato, John é um pensador diferenciado e uma pessoa extremamente criativa. Mas será que seu processo de produzir novas ideias foi ampliado pelo fato de sua função ser constituída de 2% de trabalho específico e 98% de espaço em branco? Ele não responde *e-mails*, não se debruça sobre informações só para ter certeza, não encontra obstáculos burocráticos. Basicamente, não perde o foco por coisas que chamamos de trabalho. E ninguém julga o valor do tempo que ele passa pensando. John foi promovido duas vezes do setor de segurança para o departamento de inovação. Voltou duas vezes ao setor de segurança depois de constatar que as tarefas que lhe foram atribuídas no departamento de inovação o impediam de ser criativo.

A fatia

John e John se permitem longos períodos de tempo livre e exuberância de tempo para pensar, mas a maioria de nós não consegue fazer isso. Mal temos tempo para preparar um *burrito* no micro-ondas, se tivermos sorte. Necessitamos de um tipo de espaço em branco que seja curto, mas intenso, e eu tenho a dica. É uma forma extremamente elegante e adaptável do espaço em branco chamada Fatia.

A Fatia em forma de cunha é uma porção pequena de espaço em branco introduzida entre duas atividades. É usada especificamente para separar ações ou eventos que, sem ela, teriam sido conectados. A fatia lhe proporciona um momento para pensar, planejar ou se acalmar. É extremamente versátil e um movimento engenhoso de poder que qualquer um de nós pode usar sozinho e, quando utilizado em uma equipe, reduz dramaticamente o estresse e melhora a comunicação e a coesão.

No período entre iniciar o trabalho e verificar os *e-mails*, pegamos uma fatia de espaço em branco para planejar nossa manhã. No período entre ser convidado para uma reunião desnecessária e aceitar sem pensar, aproveitamos aquele rápido momento para perceber que nossa presença não é necessária e elaboramos uma desculpa cordial. No período entre reagir a um comentário que nos coloca na defensiva, aproveitamos a pequena pausa para lembrar de nosso compromisso de evoluir e, com toda calma, pedimos mais detalhes. A Fatia nos faz parar em qualquer momento da vida quando a próxima decisão que tomaríamos irrefletidamente seria um erro. Traz um momento de refrigério ou foco e nos ajuda a diminuir o *zoom*. É o segredo para absorver notícias indesejáveis sem reagir exageradamente. É uma forma de pensar antes de mover a próxima peça do xadrez.

A Fatia sempre tem um começo e um fim e, normalmente, é curta. Separa rapidamente duas ações ou experiências para descomprimi-las e permitir a passagem de oxigênio. Você se lembra da descrição de um típico dia profissional agitado que mencionamos no capítulo 1 ("Voo da abelha mamangava"), no qual colocamos múltiplas tarefas em nosso caminho e provocamos uma cacofonia de incidentes estressantes de trabalho, um sobre o outro?

Aplicações da Fatia

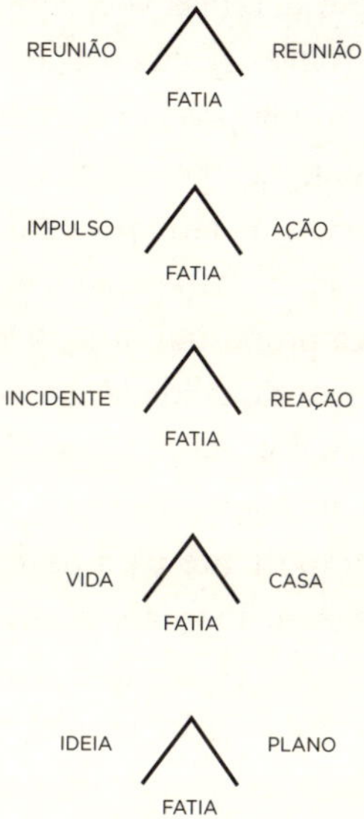

Imagine o universo paralelo no qual a Fatia exerce uma função. Você acorda de manhã tentado a pegar o celular, mas intercala uma pequena fatia de espaço em branco (menos de um minuto) para abrir os olhos, saudar o dia e, talvez, fazer um carinho na pessoa ao seu lado que ainda dorme. Seu filho adolescente quer iniciar uma discussão, mas, antes de morder a isca, você intercala uma pequena fatia para reconhecer o poder dos hormônios (apenas alguns segundos) e o surpreende com um abraço.

Quando chega ao escritório, duas pessoas passam correndo literalmente e gritam algumas palavras em sua direção sobre o treinamento de incêndio. Antes de mergulhar na correria, você aproveita uma pequena fatia do tempo para deixar de lado as emoções inflamadas pela comoção e refaz sua agenda (talvez dois ou três minutos). Elimina alguns itens do planejamento do dia e escreve algumas perguntas esclarecedoras para fazer, certificando-se de que o propósito do esforço é correto.

Então, e só então, você mergulha no trabalho. As reuniões transcorrem durante o dia, mas você aproveita uma pequena fatia entre cada uma (talvez de cinco a dez minutos), pausando para assimilar a enxurrada prévia de informações, fazer anotações ou preparar-se para a próxima reunião. Naquela noite, em casa, você intercala uma fatia pequenina, parando do lado de fora da porta de entrada (apenas um ou dois segundos) para fazer a mudança proposital do eu/trabalho para o eu/eu e, quando entra em casa, a qualidade extra da forma como você se apresenta não surge por acaso. É assim que a vida pode ser, e tudo está sob seu controle.

Outra ocasião importante para usar a Fatia é selecionar o próximo item que você abordará no dia. Aquele momento do "E, então, o que mais?", quando a tarefa foi completada e você passa para a outra, é uma âncora de produtividade. Se não estivermos conscientes desses momentos críticos de escolha, tornamo-nos escravos de nossa natureza supervibrante e atacamos prematuramente qualquer outra tarefa antiga. As listas de tarefas intensificam esse problema e proporcionam a rampa perfeita para atividades sem sentido.

Imagine que você acabou de enviar uma proposta ou de fechar seu navegador depois de ter terminado uma pesquisa. Você pensa no que vai fazer em seguida ou simplesmente começa a fazer uma coisa qualquer. A maioria escolhe a última opção. Com a Fatia, você controla o uso de seu tempo e decide qual é a tarefa muito importante que deve ser realizada a seguir. Qualquer transição programada é uma oportunidade para esse tipo de pausa estratégica. Use-a quando você muda de uma reunião complexa sobre orçamento para outra cuja finalidade é estabelecer relacionamento com um cliente ou quando sua cabeça grita: "Fadiga de *zoom*!", mas sua sala de espera virtual está lotada.

Nosso equilíbrio melhora quando usamos a Fatia para manter a calma diante do estresse. Em um momento inesperado de decepção, frustração, raiva ou problema profissional, a intercalação de uma fatia nos permite readquirir o equilíbrio antes de reagir. E a Fatia ajuda-nos a redefinir nosso problema com a espera. Esperar o tanque de combustível ser abastecido, esperar na fila ou esperar o café ficar pronto — agora, todos esses momentos podem ser refeitos como oportunidades para uma pausa feliz, libertadora e involuntária.

Life is Good, a marca registrada do estilo de vida positivo, talvez seja conhecida por causa de suas camisetas coloridas e confortáveis e do rosto sorridente da mascote Jake. O objetivo é vender a roupa, mas eles se consideram uma empresa de comunicação e usam seus produtos como veículos para mensagens positivas que elogiam valores como simplicidade, humor e gratidão. John Jacobs, que fundou a empresa com seu irmão Bert, usa a Fatia para promover o que ele chama de "otimismo racional", no qual reconhecemos os obstáculos, mas escolhemos focar mais energia nas oportunidades.[17] Trocamos ideias sobre como o desenvolvimento de uma mentalidade positiva se divide na prática diária em momentos singulares de pausa, onde diante de nós há duas portas — ceticismo e otimismo. A escolha da última, repetidas vezes durante a vida, faz a pessoa ver sempre o copo meio cheio.

As pausas para aproveitar a sensação de otimismo são acompanhadas de fatias extremamente gratificantes, usadas para assimilarmos a vitória antes de seguir em frente. Depois de fechar uma venda ou de ter uma ótima ideia, sente-se e saboreie o orgulho. Não seja igual ao time campeão da Super Bowl que sai apressadamente do campo e volta a treinar. Coloque um anel no dedo. Abrace o bebê. Deixe cair uma chuva de confetes. Essas fatias de comemoração e afirmação levam embora o cansaço do dia inteiro e dão um novo enfoque ao trabalho principal a ser feito.

[17] John Jacobs foi entrevistado pela autora em 15 dez. 2020.

Congestionamento de transmissões

O mau funcionamento da tecnologia deixa as pessoas malucas. E mais de uma vez o alvo desse estresse foi Sean McDonald, engenheiro de *network* em uma escola K-8. Ele conta a história de um dia em que seu telefone começou a tocar como louco. O sistema caiu. Celulares e internet fora do ar. Ocorreu uma histeria previsível. Sam dirigiu-se à sala do servidor, acompanhado de três pessoas. Hora da lista de checagem. Problema no servidor? Ataque ao DNS? Alguma coisa falhou? Não, não e não. Sean começou a isolar o equipamento para identificar o problema enquanto a multidão do lado de fora aumentava e as reclamações provocavam um barulho ensurdecedor. Ele começou a se preocupar com um pânico generalizado.

De repente ele se lembrou da Fatia. Parou todas as atividades e dirigiu-se ao saguão apenas para pensar. Os sinais indicavam congestionamento de transmissões, mas por quê? Enquanto remoía o assunto, ele se distraiu ao ver o vapor emitido pela cola sob o carpete instalado naquele dia. Significava que os instaladores arrastaram os móveis... o que significava que os computadores foram mudados de lugar... e alguém, que não foi ele, colocou-os de volta no lugar. Ele correu até a sala do servidor e viu que alguém havia conectado as duas extremidades do mesmo cabo em duas entradas diferentes, criando um *loop* infinito que provocou o travamento do sistema. Ele desligou o cabo, o congestionamento desapareceu, o sistema funcionou e tudo voltou ao normal. Ao afastar-se do problema e ir direto à resposta, ele se transformou em herói.

A Fatia pode ser encaixada em qualquer lugar. A fatia favorita de Mateo era o tempo entre guardar na gaveta o trabalho que ele realizava no porão de casa e subir a escada para atuar como pai e marido. Patrice usava sua fatia em um emprego estressante para abrir espaço e ter uma conversa carinhosa com ela própria logo depois do surgimento de um problema.

"Eu dizia a mim mesma: faça uma pausa. Tudo vai se ajeitar depois do seu espaço em branco". E, quando o burburinho do dia começar a pegar fogo, quebre o vidro de sua fatia de emergência. Afaste-se de todas as pessoas e da tecnologia. Mergulhe em alguns momentos de total inatividade. Sente-se, olhe para a frente, sonhe acordado e, lentamente, no momento oportuno, religue os plugues e envolva-se novamente.

Viés de negatividade

O visionário empresarial Dee Hock, fundador e CEO da Visa, disse: "Abra um espaço em branco em qualquer canto de sua mente, e a criatividade o preencherá instantaneamente". Essa é uma verdade absoluta e uma promessa fundamental da pausa estratégica. Mas os seres humanos também lutam com o que chamamos de "viés de negatividade", uma tendência da mente de ser magnetizada em direção a coisas negativas e ruminá-las.[18] Um sujeito carrancudo, durante sua chamada de videoconferência, vai atrair muito mais a atenção quando comparado às outras seis pessoas que, felizes, concordam com a cabeça. As notícias negativas sempre chamam a atenção. Da mesma forma, os pensamentos negativos sempre competem com a condição verdadeira de seu espaço em branco, recém-criado. É comum nossas pausas serem sequestradas por preocupação ou negatividade ruminada. Quando algo pesa sobre você, grande ou pequeno, isso pode ser a primeira coisa que lhe vem à mente quando você faz uma pausa, mesmo que por um momento. E pode nos deixar com medo da abertura.

Há um caminho para atravessar esse dilema. Primeiro, precisamos separar a emoção da preocupação. A emoção é

[18] MOORE, Catherine. What Is the Negativity Bias and How Can It Be Overcome?. **PositivePsychology.com**, 14 dez. 2021. Disponível em: https://positivepsychology.com/3-steps-negativity-bias/.

muito importante para ser permitida em tempo real. Como um espirro. Sentir emoções é extremamente necessário para a saúde mental e devemos ouvir suas mensagens importantes. Quando você sublima uma emoção, ela permanece presente como um estado febril que exaure todo o trabalho que você está realizando. Manter-se ocupado é a aspirina que apenas trata os sintomas. Sentir a emoção é a penicilina que resolve o problema.

Lembro-me de uma cliente que usava o trabalho exaustivo para evitar sentimentos. Seu marido havia morrido três anos antes de eu a conhecer. Ela me contou que, durante aquele período, nunca tomou um banho de chuveiro por mais de dois minutos, pois sabia que aquela minúscula pausa a sós abriria uma porta por onde seu sofrimento entraria em forma de avalanche. E ela vivia entorpecida. *Atarefada e entorpecida.* Quando a tristeza, o medo ou a raiva chegar, tente encontrar um lugar tranquilo e cumprimente esses sentimentos.

A preocupação é diferente. A preocupação é algo que tentamos fazer rolar como uma bala dura dentro da boca. Deixar a preocupação de lado, mesmo que por um instante, é difícil, portanto temos de encontrar meios de contê-la (sem a desprezar). Uma técnica eficiente para dominar a preocupação é marcar um encontro com ela. Quando algo estiver pressionando sua mente, programe esse pensamento pesado para ser visitado apenas uma vez por dia e com hora marcada. (Eu costumo tirá-lo do caminho no início da manhã.) Diga a si mesmo: "Todos os dias, às 7 horas, vou dar a esse assunto cinco minutos de minha atenção total".

Deve-se notar que esses pensamentos pesados são recorrentes como a persistência dos conselhos da sogra sobre seu casamento. Quando o assunto penetra sua mente em outras ocasiões, e penetrará, lembre-se de que ele já está programado e tente seguir em frente. Quando somos tomados pelo medo de assuntos importantes (saúde de uma pessoa querida, insegurança financeira ou dilema nos negócios), temos, às vezes, de rebater a voz da preocupação dezenas de vezes por dia. Mas eu venho de uma longa linhagem de pessoas que se preocupam, e nenhuma tentativa nos ajudou tanto quanto esse método.

Nos dias em que as garras do pensamento negativo se recusam a nos soltar, tome alguns goles pequenos de espaço em branco e combata a atração da negatividade cercando-se de trabalho positivo, conversa positiva consigo mesmo e pessoas positivas até que a tempestade passe.

Tentando encontrar o espaço em branco

É tempo de levantar-se do banco. Quero que você tente encontrar um pequeno espaço em branco neste momento, se ainda não tiver encontrado um. Não há modo certo ou errado. Apenas deixe que sua mente faça absolutamente tudo o que ela gostaria de fazer.

Marque um minuto em seu cronômetro neste momento. Pronto? Já.

E voltamos atrás.

Ah, qual é? Vamos tentar. Vai levar literalmente um minuto. Pronto? Já.

E voltamos atrás.

Foi desconfortável? Incômodo? Assustador? Se você é semelhante à maioria das pessoas, foi complicado. Quando desligamos o liquidificador, todo o líquido continua a rodar por alguns instantes. O mesmo ocorre com nossa mente. Em geral não há nenhum *insight* imediato, nenhuma tranquilidade ou sensação de espaço aberto. Ao contrário, é provável que você tenha encontrado em sua mente um turbilhão de assuntos urgentes, como a programação para o retiro que está planejando, a pessoa da qual precisa abrir mão ou os filtros de café que se esqueceu de comprar. Nenhuma pausa. Apenas uma enxurrada de pensamentos sublimados.

Talvez demore um pouco para você aprender a lidar com a pausa estratégica. Mas, depois que sua mente teve um "acesso de raiva", doses previsíveis de espaço em branco o ajudarão a atravessar a neblina e colher as recompensas. Com a prática, um caminho mental mais claro aparecerá diante de você.

As experiências iniciais para o uso do espaço em branco podem incluir:

- Usar o trajeto de ida e volta ao trabalho para permitir que sua mente divague livremente.
- Vincular o espaço em branco a uma dica, como fazer uma pausa todas as vezes que o Sol bater em seu rosto.
- Se estiver fazendo uma refeição sozinho, deixar a televisão e o *podcast* de lado.
- Começar cada dia com um momento ou dois de espaço em branco.
- Sonhar acordado durante qualquer tarefa manual, como lavar a louça.

Exatamente neste ponto, os seguidores das regras começarão a organizar o futuro da prática do espaço em branco, fazendo estas perguntas específicas: Que quantidades ideais por dia devem ser planejadas? Os olhos devem ficar abertos ou fechados? É recomendável usar cronômetros, tabelas e *checklists*? Peço desculpas aos amantes da produtividade, mas este admirável mundo novo não possui regras.

Para que as equipes, as empresas e até as famílias compartilhem o espaço em branco conjuntamente, cada pessoa deve criar um objetivo próprio. A orientação prática é esta: se você gostar do espaço em branco (como se estivesse correndo sem coleira pelo parque), provavelmente está agindo de modo correto. A experiência visceral deve ser a de liberdade mental de alguma forma, portanto, se você correr sem fones de ouvido, eu diria que esse é um espaço em branco. Se estiver correndo em uma esteira rolante vendo um episódio da série *Breaking Bad*, com a mente ligada no filme — nem tanto.

O espaço em branco ajuda-nos a redefinir nosso relacionamento com o tempo não programado. Sem ele, passamos por um momento de inatividade e automaticamente o rotulamos de negativo. "Não estou fazendo nada", você diz. Ou "Você está muito folgado", diz o capataz de nossa mente. Mas, assim que você se familiarizar com o espaço em branco, ficará mais fácil ver seu valor e redefinir as expectativas para nós e para nossos colegas.

Entenda que não existe essa coisa de tempo mental não preenchido permanentemente. Se você encontrar um tempo livre, como estou ensinando, outras coisas surgirão. No espaço em branco você pode ficar frente a frente com antigos pensamentos, novos pensamentos, pensamentos complexos, inovações, revelações, *insights*, conhecimento e alegria. É para isso que mantemos a porta aberta quando o criamos.

Em conjunto é melhor

Muitos de nós vamos usar o espaço em branco, acima de tudo, para ser mais eficientes e mais calmos individualmente; apesar disso, o espaço em branco é muito útil para ser aplicado em equipes. Há uma grande e ousada magia a ser compartilhada quando a comunidade nos acompanha e damos permissão uns aos outros e nos fortalecemos mutuamente repetidas vezes. As equipes que compartilham e respeitam o espaço em branco têm como objetivo incorporar os seguintes valores:

- Controle do impulso – A capacidade de refrear o desejo autocentrado para ter tudo instantaneamente.
- Limites – Os limites que estabelecemos em torno do tempo, da tecnologia e da energia pessoal.

- Concisão radical – A meta de usar menos palavras em todas as comunicações.
- Introspecção – A capacidade de olhar sinceramente para nossas emoções e nosso comportamento.
- Significado – A importância de ter tempo para fazer o trabalho certo.
- Liberdade criativa – Um ambiente no qual as grandes ideias fluem por meio de canais abertos.
- Equilíbrio – Uma receita para trabalho, vida, contribuição e alegria que funciona para todos.
- Facilidade – O glorioso intangível, no qual tudo ao nosso redor funciona melhor.

No entanto, você não precisa acreditar só em mim. Eu lhe apresento Jett Butler e seus colegas, que, além de praticarem o espaço em branco juntos, o incluíram nas regras de sua equipe. Se você conhecesse Jett pessoalmente, ficaria impressionado com seu esplêndido senso de estilo e o trabalho brilhante de sua empresa de *design* com sede em Austin, a FÖDA (com um trema que só Jett é capaz de usar no Texas). Ele e sua pequena equipe estavam atarefados para se firmar no mercado com projetos tão diversificados quanto desenvolver um conceito de *design* para um campo de aviação, renomear um conhecido *site* de reservas de férias e embalar vinhos requintados em garrafas gravadas à mão.

O sucesso do estúdio, contudo, foi alcançado tendo como pano de fundo nossos tempos frenéticos, com muita exaustão e verdadeiramente insustentáveis. A equipe viu-se priorizando exigências de clientes em vez de vidas pessoais. A receita estava desaparecendo no buraco do perfeccionismo e dos projetos de menor valor.

Contratamos Jett para um projeto de *design* e, enquanto passou um tempo conosco, ele começou a ver sua situação sob um novo ângulo, como uma anomalia em vez de um caos criativo e digno de orgulho. Decidiu, então, dar a ele próprio e à sua equipe o presente simples do tempo de reflexão. Esculpiu blocos totalmente sagrados, dispersos no decorrer de cada mês. Foi difícil acreditar que os clientes aguardariam durante aquele período. Mas, juntos, eles mergulharam no píer, nas profundezas das águas frias da indisponibilidade temporária e, ao subir à superfície, perceberam que é fácil permitir que o medo emocional nos conduza, mas que, na realidade, quase tudo pode esperar.

A equipe inteira sabe disso, e é exatamente assim que eles trabalham agora. As manhãs no estúdio são tranquilas, mais semelhantes a uma biblioteca de universidade. E, aos poucos, os *e-mails*, os telefonemas e as necessidades dos clientes começam a pipocar por volta das 10h30, e a parte animada do dia começa, fundamentada e energizada pelo modo como começou. Será que o espaço em branco foi o responsável pela empresa de Jett ter ganhado mais de 40 prêmios de *design* e ser requisitada desde Savannah até Seul? Não. Mas Jett diz que eles não podem viver sem o espaço em branco.

PARE UM MINUTO PARA PENSAR... NA PAUSA ESTRATÉGICA

LEMBRE-SE:

- Várias pesquisas confirmam que as pausas são benéficas para o desempenho, a criatividade, a energia e a resistência.
- Muitos líderes vitoriosos dizem que o "tempo dedicado para pensar" foi um elemento essencial para seu sucesso.
- Podemos usar nossas pausas estratégicas para recuperar, reduzir, refletir e/ou ser construtivos.
- A inclusão de uma fatia de espaço em branco entre as tarefas e as atividades é uma forma poderosa de readquirir reflexão e calma.
- O espaço em branco pode ser sequestrado por pensamentos negativos, mas a preocupação programada pode mantê-lo sob controle.

PERGUNTE A SI MESMO:

- "Onde posso tentar encontrar um espaço em branco?"

4

OS LADRÕES DO TEMPO

IDENTIFICANDO AS FORÇAS CONTRA NÓS

ALIMENTADOS PELA ERA DA SOBRECARGA, NOSSOS ATIVOS PODEM SE TORNAR NOSSOS PASSIVOS.

As pessoas que nadam no mar enfrentam sérios problemas quando não entendem a corrente marítima. Quando pegas, elas movimentam os braços furiosamente até que se tornem frouxos, porém forças mais poderosas que elas conseguem dominá-las. As correntezas são as mais perigosas. Ocorrem em lugares onde a corrente forma canais que puxam a água diretamente da praia para o mar aberto. Qualquer nadador, por mais forte que seja, fica à mercê delas.

O nadador, exausto de tanto movimentar os braços, pensa que a luta é culpa dele. Sua mente em pânico pode mudar seus pensamentos para autorrecriminação: "Eu deveria ter aprendido a nadar de verdade"; "Eu deveria ter feito exercícios para ficar em forma". Mas, na verdade, há um contexto externo para a exaustão do nadador. Aqueles que se instruem a respeito da natureza dessas correntes conseguem vencê-las, evitá-las ou atravessá-las com mais facilidade. E isso é bom porque também se aplica à nossa jornada rumo ao espaço em branco, que não ocorre em uma piscina de águas tranquilas, mas em mar agitado. Temos de aprender a entender e vencer as correntes invisíveis, caso contrário seremos levados pelo mar.

Quando voltamos a atenção para as correntes diabólicas de nossa vida profissional, o primeiro pensamento que nos vem à mente quase sempre é o de culpa — mais uma vez.

Ele nos instiga com acusação. "Se ao menos eu tivesse encontrado o *podcast* ou os sistemas de arquivamento corretos, ou fosse mais disciplinado, não me sentiria sobrecarregado no trabalho." Mas a falta de espaço para restauração não é um problema simples nem individual. Não é culpa sua. Em nossa pesquisa, descobrimos muitas forças responsáveis pela sobrecarga profissional, como tecnologia, comportamento de liderança, estruturas de recompensa, tipos de canais de comunicação e processos específicos. Todos eles colocam uma carga pesada sobre a pessoa. O último destinatário dessa pressão em cascata é você.

Recursos grandes demais

Há quatro fatores determinantes que impulsionam as empresas, as equipes e os seres humanos no trabalho: motivação, excelência, informação e atividade, aos quais damos o nome de Ladrões do Tempo. Embora sejam positivas e úteis para nós em sua natureza básica, essas forças são também as maiores responsáveis pelo enfraquecimento do espaço em branco.

Os ladrões me lembram uma trepadeira chamada glória da manhã. Essa planta perfumada, que simboliza o amor ou a mortalidade, tem uma aparência sonhadora, com flores roxas exuberantes e delicadas e garras encaracoladas — como em um conto de fadas. É atraente e vibrante, mas, se plantá-la em sua propriedade, logo você verá que aquelas garras retorcidas se enrolarão nas cadeiras da varanda, bisbilhotando entre os beirais das janelas e bloqueando a porta do cãozinho. Seu vizinho ligará para dizer que ela está começando a invadir a propriedade dele e vai sufocar suas rosas. Se você arrancar somente as folhas, as raízes vão brotar alegremente. A planta é resistente a pesticidas. É assim que os ladrões atuam. Transformam-se em recursos que cresceram demais em seus recipientes e precisam ser cortados. São nossos pontos fortes de definição — vitais e emocionantes —, mas às vezes se tornam incontroláveis.

Quando levados a extremos, os ladrões do tempo se corrompem. A motivação passa a ser supermotivação. A excelência passa a ser perfeccionismo. A informação passa a ser sobrecarga de informações, e a atividade passa a ser uma verdadeira agitação. É mais ou menos assim:

- Aceitamos, sem pensar, um convite para uma reunião, porque estamos motivados.
- Exageramos no preparo de uma apresentação, porque queremos ser excelentes.
- Aprofundamo-nos em avaliações e dados, porque queremos estar bem informados.
- Pegamos impulsivamente nossa lista de tarefas, porque achamos que devemos estar sempre em atividade.

Os ladrões nos atraem para um ritmo e uma pressão que, na verdade, podem reduzir nossa eficiência. Mantêm-nos tão ocupados com estímulos e pequenas vitórias que nunca conseguimos vitórias heroicas. Põem-nos em movimento e sussurram aos nossos ouvidos as vagas promessas de recompensa e reconhecimento. Veja o que essas figuras enganadoras ocultam:

- Motivação
  Falso: Devemos assumir o máximo de tarefas que nos for possível realizar.
  Verdadeiro: Ser seletivo a respeito das metas proporciona produção de melhor qualidade.

- Excelência
  Falso: Todo ponto que abordamos merece ser aprimorado.
  Verdadeiro: Perdemos tempo e energia envolvidos exageradamente em detalhes desnecessários.

- Informação
  FALSO: Não existe essa coisa de ter muito conhecimento.
  VERDADEIRO: O cérebro humano é capaz de assimilar um excesso de informações.

- Atividade
  FALSO: Atarefado e produtivo são a mesma coisa.
  VERDADEIRO: Estar sempre em movimento pode limitar o pensamento e exaurir nossas forças.

Os ladrões do tempo

RECURSO	RISCO
Motivação	Supermotivação
Excelência	Perfeccionismo
Informação	Sobrecarga
Atividade	Agitação

Cada uma dessas predisposições tem um valor e um defeito. Nossa tarefa é notar qual ou quais tendem a nos afastar e depois recuperar o controle desse processo.

Evidentemente, podemos ser afetados por mais de um ladrão, e muitas pessoas acham que são prejudicadas pelos quatro. É também possível ter uma quantidade muito pequena de uma determinada qualidade. Em geral, notamos essa falta em nossos colegas, não em nós. Se você é uma pessoa ligada em informações, fica maluco quando alguém não lê notícias. Se vive motivado, não tolera pessoas que não fazem o que você consegue fazer. Seja qual for a maneira como cada ladrão se apresenta diante de qual lembre-se de equilibrar sua cautela com gratidão por causa de seus aspectos positivos, uma vez que sem essas virtudes estaríamos perdidos em um mar de mediocridade e falta de ação.

Meu chefe em meu primeiro emprego após concluir o curso universitário via, de modo brilhante, a dualidade em qualidades profissionais exageradas. George NeJame foi uma das pessoas mais realistas e amorosas que conheci. Era tão prazeroso trabalhar diariamente com ele que continuei na empresa por dois anos a mais do que deveria, realizando um trabalho confuso, concorrendo com *bagels* e café em uma catástrofe egocêntrica e carregada de estresse que é a produção televisiva de Los Angeles, em que todos gritam literalmente uns com os outros o dia todo.

Quando eu gastava muito dinheiro em um item de linha para o programa, ele dizia que eu estava me dedicando à qualidade um pouco além do necessário. Quando redigia um memorando muito floreado, como se fosse uma ostentação de vocabulário inseguro, ele dizia que aquilo era um efeito colateral de grandes habilidades de comunicação. Ele via cada falha com naturalidade, como se fosse um copo transbordando de características positivas. Embora George nunca tenha conhecido oficialmente os ladrões, ele descobriu o paradoxo.

O ladrão da motivação

A motivação é a razão por trás de tudo o que já foi criado. Não há um só monumento, empresa ou instituição de caridade que tenha sido vitorioso sem que pessoas motivadas o tornassem realidade. Nada acontece sem motivação e ficamos encantados tanto no trabalho quanto fora dele quando vemos pessoas lutando por algo que vale a pena. A extraordinária atleta Kath Koschel, que fraturou a coluna enquanto jogava críquete profissional e foi informada de que jamais voltaria a andar, desafiou as opiniões médicas e voltou a andar. A história toda aconteceu novamente quando ela sofreu um acidente de bicicleta enquanto treinava para uma prova de IronMan. Hoje ela dirige uma organização sem fins lucrativos que promove bondade e inspira pessoas do mundo inteiro.[1] Tente fazer isso sem motivação.

A voracidade da motivação nasce em um mundo que diz "faça tudo" e nos diz para assumir mais e mais responsabilidades e nunca abrir mão de nada. Se você se identifica muito mais com a motivação, gosta de criar novos territórios e enfrentar uma sucessão de desafios cada vez mais exigentes. Se você estivesse fazendo uma avaliação de desenvolvimento que damos aos clientes para medir a vulnerabilidade dos diferentes ladrões, nós lhe faríamos perguntas como estas sobre motivação:

- Você assume muitas responsabilidades?
- Tem dificuldade para abrir mão de tarefas de pouco valor?
- Diz "sim" com mais frequência que "não"?
- Sempre anseia ter mais sucesso?

A motivação pode nos exaurir porque sucesso é uma montanha que se agiganta cada vez mais à medida que a escalamos. Os líderes com níveis crescentes de motivação tendem a fazer sua equipe correr em muitas direções de uma só vez e muitas vezes pouco reconhecem o valor da recuperação como parte da caixa de ferramentas profissional.

Nova York é uma cidade repleta de pessoas que exemplificam a motivação do tipo A+, e Ernest é um novaiorquino da gema. Você se cansaria só de ouvir sua lista de tarefas. Ernest mudou-se para Nashville para encontrar uma casa com

1 Kath Koschel - PTTOW! 2018. **Kindness Factory**. Disponível em: https://kindnessfactory.com/news/kath-koschel-pttow-2018/. Acesso em: 5 jan. 2021.

quintal para seus filhos e comprar uma franquia de comida, levando consigo sua ambição. Enquanto ele construía o primeiro local daquilo que esperava se multiplicar, sua inteligência estratégica conquistou o respeito de sua equipe. Embora seu temperamento pudesse muitas vezes levar vantagem sobre o melhor dele, sua motocicleta estava sempre estacionada nos fundos e, quando ele se irritava, a equipe lhe dizia: "Você não gostaria de dar uma volta de moto?" (Essa era a fórmula para conseguir um pequeno espaço em branco, antes de ele saber que se chamava assim.)

Ernest, porém, era inexperiente quanto a ser paciente e seletivo, como ocorre com pessoas extremamente motivadas. Ele forçou a barra para abrir um segundo local antes que o primeiro deixasse de usar fraldas. Ernest amava o processo de se movimentar rapidamente pelos vários estágios comerciais, mas dava orientações pela metade, colocando os integrantes da equipe em ação para trabalhar em planos com os quais ele não havia sequer sonhado. Consequentemente, ele começou a perder parte de seu pessoal em razão de *burnout*. Essa não é uma ótima maneira de administrar e pode haver preços mais altos a serem pagos mais tarde, principalmente para os homens.

Embora pareça um estereótipo, tenho observado que muitos homens que adotam a motivação tendem a dizer que não estão estressados nem esgotados. Eu gostaria de dizer: "Vamos perguntar às suas glândulas suprarrenais". A pontuação dos homens é mais baixa que a das mulheres no que se refere ao autoconhecimento emocional, um componente muito importante da inteligência emocional.[2] Eles podem ter problema ao olhar para seus medidores e ver quando estão bravos, cansados, derrotados ou exaustos e, muitas vezes, vão em frente. Os homens que vivem em torno da motivação e,

2 Disponível em: https://www.linkedin.com/pulse/why-women-smarter-than-men-dr-travis-bradberry-1f. Acesso em: 14 fev. 2022.

de fato, muitas outras pessoas que adotam a motivação, veem limites que clamam por serem aumentados, mas nunca preveem o preço a ser pago a não ser no momento da colisão. Quando enfrentam um problema de saúde, um revés financeiro, uma crise de relacionamento ou um golpe nos negócios, eles acordam. E isso é bom. Mas gostaríamos que houvesse outra maneira de chamar sua atenção.

O ladrão da excelência

A excelência (minha filha favorita) é responsável pela maravilhosa especificação e pelo detalhe que pode transformar um local de trabalho profissional em um lugar de arte e beleza. Cada pingo na letra *i* e cada traço na letra *t* faz o mundo ser um lugar mais justo e mais confiável.

Verdade seja dita. Acho difícil escrever sobre as desvantagens da excelência porque ela é meu ladrão dominante e, mesmo em sua forma volumosa, com todos os seus custos, a perfeição faz simplesmente meu coração cantar. Prateleiras de livros codificados por cores. Legumes empilhados em forma de perfeitas pirâmides. Lápis apontados como se fossem agulhas. Gasolina a um preço uniforme. Simetria! Delícia. Delícia. Delícia. Meu marido também é um ferrenho perfeccionista. Sobre sua mesa de trabalho há uma citação de Brian Wilson que diz: "Cuidado com o pirulito da mediocridade. Se você o lamber uma vez, vai lambê-lo para sempre".

Aqueles de nós que adoram a excelência se perdem facilmente nesse ponto. Somos tentados a aplicar exatamente o mesmo alto padrão a todos os trabalhos, desde o aviso interno para o jogo de *softball* do departamento até o RFP[3] final para nosso maior cliente. Você pode ser um de nós, dependendo das respostas que daria às perguntas sobre excelência, como estas:

[3] Request for Proposal (solicitação de proposta). [N. do T.]

- Você, às vezes, é atento demais a detalhes?
- Esforça-se demais em tarefas de pouco valor?
- Tem problema em decidir quanto esforço deve aplicar?
- Gasta mais tempo em projetos do que os outros?

As pessoas ligadas à excelência pensam que sua capacidade para detalhes é ilimitada. Esquecem que temos apenas uma determinada quantidade de excelência para gastar por dia. Imagine uma bolsa de camurça com moedas de ouro pendurada em sua cintura. Essa bolsa é toda a excelência que você tem por dia. Se gastar uma moeda em cada coisa que você tocar, nunca vai ter o suficiente e elas vão acabar. O recurso é finito.

O ladrão da informação

A edição de um dia de semana do *New York Times* contém mais informações do que uma pessoa do século XVII possivelmente teria durante a vida inteira. Muitos de nós assimilamos informações demais, pesquisamos demais no Google e investigamos demais, enquanto o cérebro de homem das cavernas entre nossos ouvidos luta para selecionar, salvar e priorizar tudo o que está tentando absorver. Uma pesquisa da Lexis-Nexis de 2010, feita com 1.700 funcionários administrativos, mostrou que eles passam mais da metade do dia recebendo e controlando informações em vez de usar esse tempo para executar seu trabalho. O conhecimento é bom, mas o lixo de informações pode cair no poço sem fundo das apresentações, avaliações, planilhas e internet, e não sair mais de lá.

Steve Martin conhecia bem essa armadilha. Ele foi cientista-chefe de dados da Microsoft e possui um nível espetacular de intelecto. Como muitos executivos que pensam no futuro, Steve é adepto do espaço em branco por natureza e tem o costume de separar um tempo para pensar todos os dias ou uma vez por semana.

Steve ama análise matemática, e sua missão na Microsoft foi um ajuste natural. Mas, de forma reflexiva e um pouco irônica, ele protegeu o tempo de sua equipe do ladrão da informação, pois conhecia seu efeito corrosivo. Certa vez, quando lhe pediram que preparasse um pacote minucioso de 22 itens colaterais, como apresentações e mídia para a equipe de vendas, ele agiu com cautela, mas obedeceu. "Eu sabia que estávamos seguindo o caminho errado porque não havia condições de saber se o conteúdo em si era valioso".

Ele testou essa hipótese em uma das clássicas brincadeiras de eficiência de todos os tempos. Em cada uma das 22 peças de material, ele incluiu (não em um lugar meio escondido como uma nota de rodapé ou um apêndice, mas em um lugar onde qualquer leitor teria encontrado) a seguinte nota: "Se você está lendo isto de verdade, envie-me um *e-mail* e eu lhe enviarei um vale-compras da Amazon no valor de 50 dólares". Evidentemente, perguntei-lhe se alguém se apresentou para receber o dinheiro. Ninguém respondeu.

Steve prosseguiu: "A parte ainda mais interessante desta história ocorreu no ano seguinte, quando nos preparávamos para fazer a atualização de um produto. A mesma equipe, sempre disposta a trabalhar, elaborou uma lista mais extensa ainda dos materiais necessários e fui capaz de dizer: 'Não, vocês não vão receber. Vocês não precisam disso. E aqui está a prova'. Eles ficaram abismados. Mas nada conseguiu superar o momento em que todos perceberam que eles próprios (em sua revisão do pré-lançamento) perderam todas as ofertas".

Se você é uma pessoa que cai na armadilha da informação talvez receba uma pontuação alta nas questões de avaliações, tais como:

- Você sempre responde quando vê uma notificação?
- Verifica seus *e-mails* com frequência quando está longe do computador?

- Gosta de informar os outros e compartilhar informações?
- Acha difícil saber qual é o momento certo de terminar a pesquisa para um projeto?

É fácil ser arrastado. A internet nos permitiu residir na loja de doces do conteúdo, o que facilitou infinitamente nossa vida. E se não pudéssemos pesquisar rapidamente "como parar um sangramento em instantes?" ou "o presente de aniversário de última hora?". E se nosso departamento de *marketing* não conseguisse rastrear os cliques dos usuários ou se nosso departamento financeiro não conseguisse comparar um trimestre com o outro para orientar o rumo da empresa? Seríamos infinitamente menos poderosos como empresas e como pessoas. Mas quase dois terços dos profissionais do mundo relatam que a qualidade de seu trabalho é afetada negativamente pelo excesso de informações. (Nosso palpite é que a outra terça parte talvez estivesse sobrecarregada demais para responder ao questionário.) Nossa mente fica confusa com o estímulo e o volume de conteúdo que dizemos falsamente a nós mesmos que precisamos saber.

O ladrão da atividade

A toupeira é um animal de pequeno porte, com pele preta aveludada e garras poderosas para cavar túneis. Curiosamente, quando começam a cavar todas as manhãs, as toupeiras não têm nenhum plano, mas trabalham o dia inteiro. Enfiam a cabecinha em qualquer direção e vão fundo, muito fundo! Você se lembrou de alguém? De muita gente? Por que os supermercados vendem sopas prontas e iogurte com canudinho? Porque até a mesa de refeições passou a ser portátil para acompanhar nossa atividade desenfreada. E toda essa correria, por maior que seja, não parece ser suficiente. E agora temos até uma condição médica autêntica chamada "ansiedade induzida pelo relaxamento".

As pessoas movidas por atividade gostam de fazer uma caixa e depois verificar como ficou. E fazem outra e a verificam. E depois outra e mais outra. (Ei, pessoal que gosta de atividade, sejam sinceros. Às vezes vocês trapaceiam e anotam a tarefa depois de executá-la só para poder verificar aquela caixa, certo?) O retrato dinâmico de uma pessoa ativa demais é uma maravilha de 800 cavalos de potência para ser contemplada. A atividade é o motivo pelo qual fazemos m*rda! A atividade encoraja-nos a voar ao longo do dia e torna-se um buraco do qual é difícil sair. Em onze estudos diferentes, os participantes eram tão avessos a passar um tempo de quietude (de 6 a 15 minutos) que muitos optaram por dar choques elétricos em si mesmos só para fazer alguma coisa.

Quando avaliadas, um número maior de pessoas pontua muito mais alto no item atividade do que em qualquer outro ladrão.

A ânsia pela atividade se mostra nas respostas a perguntas como estas:

- Você tende a fazer seu trabalho apressadamente?
- Costuma fazer várias tarefas ao mesmo tempo?
- Sente-se muito atarefado?
- Sente-se exausto quando termina o trabalho?

Nossa equipe trabalhou com uma organização religiosa no centro-oeste. Numa conversa, um membro do clero chamado Andre contou-me que os pastores são, em geral, considerados "preguiçosos" e têm de fugir desse rótulo durante toda a sua carreira. Aparentemente, se seu trabalho é visível apenas nos fins de semana, pode haver a ideia de que você está levando uma vida ociosa no resto do tempo. Ele disse: "Quando ouvi pela primeira vez o chamado para o ministério, não sei de onde veio, mas meu primeiro pensamento foi que eu não queria ser considerado um pregador preguiçoso a mais. Foi daí que veio o desejo de estar atarefado o tempo todo, e essa ideia me persegue há décadas".

Outro pastor contou: "Quando cheguei à minha igreja, disse a todos: 'Vou ser o sanguinário pirata Roberts do filme *A princesa prometida*. Vou trabalhar como um cão neste primeiro ano para que todos me vejam muito, muito atarefado. Depois vou passar o resto do tempo vivendo dessa reputação'". E deu certo. Até hoje, as pessoas ligam para ele e dizem receosas: "Sei que o senhor é muito ocupado, mas...". Foi uma pequena decepção, mas foi uma forma de ele se apresentar em um mundo exigente.

O medo de transmitir a ideia de ser preguiçoso é certamente uma forma de habituar-se à atividade. Muitos que trabalham em setores de caridade sem fins lucrativos (que eu chamo de profissões centradas no coração) se apegam à atividade por causa de sua grande paixão pelo trabalho. Por mais que se doem, parece que nunca é o suficiente. Contudo, o motivo para continuarem a trabalhar também se origina da revolta que sentem ao se lembrarem de tempos passados ou fases da vida que ainda lhes dão uma sensação de vergonha. Se algum dia fomos desmotivados, dependentes ou sem objetivos, temos a tendência de dizer: Vou lhe mostrar aquele "eu" anterior. A lembrança de estagnação é algo que lamentamos, e então procuramos, por todos os meios, compensar o tempo perdido.

Mas o meu ladrão é IMPRESSIONANTE!

Ao pensar nos ladrões que mais lhe dizem respeito, talvez você imagine que as desvantagens deles não se aplicam a você. A predileção por eles pode deixá-lo cego aos riscos que apresentam. Não passaríamos muito tempo convivendo com nossos ladrões se eles não nos entusiasmassem. Mas tente ser objetivo. O lado divertido a respeito dos ladrões é exatamente o motivo pelo qual eles são perigosos. De modo semelhante ao sistema de valores do mais, os ladrões trabalham de acordo com uma construção psicológica chamada "esteira hedônica", que afirma: "Seja o que for que tivermos, temos de nos adaptar a ele, e em breve vamos querer mais".[4] A esteira hedônica, às vezes referida como adaptação hedônica, é a tendência de redefinir nosso nível de contentamento após cada passo dado. À medida que conquistamos mais (motivação), aprimoramos mais (excelência), sabemos mais (informação) e realizamos mais (atividade), acostumamo-nos com cada novo patamar e rapidamente sentimos que é um pouco maçante. Sempre que chegamos ao lugar que imaginamos, a linha de chegada se distancia um pouco mais.

Em termos pessoais, isso nos impede de nos sentir vitoriosos e sempre nos priva da sensação de ter chegado aonde queríamos ou de ter feito o suficiente. Em termos organizacionais, a esteira hedônica se manifesta como uma adoração à complexidade e uma predileção infinita por ela — mais projetos, mais métricas, mais sistemas e mais burocracia. Da mesma forma que os Pingos de *Jornada nas estrelas*, que sempre se multiplicavam, as complicações continuam chegando. Formulários que recentemente exigiam duas assinaturas, agora exigem três e, em breve, vão exigir quatro. As empresas altamente matriciais nos envolvem em teias emaranhadas de linhas pontilhadas.

Os ladrões nos mantêm constantemente inebriados com suas magras recompensas e roubam-nos a capacidade de fazer pausas. Eles nos fazem passar reto nas saídas das rodovias que poderiam nos conduzir a trabalhos importantes e *insights* criativos. Os ladrões silenciam nossa receptividade ao mundo. Quando estamos de cabeça baixa, transpirando e trabalhando para esses chefes artificiais, somos menos receptivos a grandes ideias e aos sinais interpessoais e sutis dos que nos rodeiam.

[4] The Hedonic Treadmill — Are We Forever Chasing Rainbows?. **Positive Psychology.com**, 7 dez. 2021. Disponível em: https://positivepsychology.com/hedonic-treadmill/.

Equipes inteiras e empresas inteiras podem inclinar-se na direção de um único ladrão.

Uma empresa internacional à qual prestávamos consultoria estava simplesmente impregnada de motivação. Sua presença no mercado externo era audaciosa e visualmente agressiva e eles agiam da mesma forma dentro da organização — às vezes eram recompensados e às vezes sofriam prejuízos.

Em uma conferência da qual participei, a equipe sênior de liderança voou uma noite inteira e uma manhã inteira sem nenhum minuto para recuperar-se e, ao chegar ao aeroporto, foi encaminhada diretamente às reuniões da tarde. Em outras reuniões externas, a equipe com a qual trabalhávamos corria no escuro para se exercitar antes ou depois de expedientes de quatorze horas. O nível de estética exigido nas apresentações externas certamente impressionava, mas a qualidade tática era questionável. Embora eu respeitasse o talento e a paixão daquelas pessoas, o esforço exigido para cada movimento que faziam ameaçava desgastá-las.

A Astellas Pharma, como a maioria das empresas de grande porte, tinha vários ladrões para enfrentar. O ladrão dominante era a informação. Por ser uma empresa de assistência médica com raízes japonesas e ter sede nos Estados Unidos, nos arredores de Chicago, havia dois conceitos que precisavam trabalhar juntos, na cultura americana e na cultura japonesa: colaboração e melhoria continua para criar eficiência.

Esses dois valores representavam uma demonstração digna de orgulho da atenção que a empresa dava a tudo. Mas, em um ramo de ritmo acelerado, altamente competitivo e com muitos recursos, essas importantes filosofias tinham potencial de produzir uma quantidade extraordinária de comunicação para criar alinhamento. Quando expressas em demasia em um projeto, ambas produziam muitas atualizações, relatórios, esquemas, recursos visuais e conversas individuais, chegando ao nível de detalhes que se tornaram, segundo um executivo me contou, "grandes demais, simplesmente grandes demais". (No final deste livro, você vai saber como a Astellas aprendeu a dar uma trégua à informação e conseguiu resultados excelentes usando a prática do espaço em branco organizacionalmente como complemento moderador.)

Em geral, nossa reação a cada um dos ladrões não é uma escolha, mas um reflexo. Esquecemo-nos de perguntar: "Estou entrando em ação porque isso é habitual e pessoalmente gratificante ou minha escolha vai fazer diferença no resultado do trabalho?". Quando nos lembramos de fazer uma pausa e usar uma fatia de espaço em branco ao sentir que estão nos chamando, podemos refletir, avaliar e desarmar qualquer ladrão que se aproxime de nós, passando da reação automática para a reação intencional.

Quando você descobrir que está planejando nove projetos para a equipe em um mês, faça uma pausa e diga: "Ah, é o ladrão da motivação". Quando descobrir que está lutando com uma marca de pontuação que corrige automaticamente, esquivando-se de você como um armador do Chicago Bulls, dê um passo para trás, reconheça e diga: "Ah, espere um pouco, este é o ladrão da excelência". Falar em voz alta a respeito dos ladrões — para você ou para outras pessoas — diminui o tamanho deles e reduz seus poderes. Aos poucos, você começará a vê-los de modo diferente — como encontrar por acaso um brinquedo de criança que parece ter encolhido, mas, na verdade, foi você que mudou.

PARE UM MINUTO PARA PENSAR... NOS LADRÕES DO TEMPO

LEMBRE-SE:

- Quatro forças determinantes alimentam a sobrecarga de trabalho — Motivação; Excelência; Informação; Atividade. São corretamente consideradas recursos, mas se corrompem quando levadas a extremos.
- O Ladrão da Motivação nos diz "faça tudo" e está associado a *burnout* e supermotivação.
- O Ladrão da Excelência nos diz que devemos aplicar exatamente o mesmo alto padrão a todos os trabalhos e está associado ao perfeccionismo.
- O Ladrão da Informação nos diz que ter mais dados e pesquisa é sempre melhor, e está associado à sobrecarga de trabalho.
- O Ladrão da Atividade nos diz que devemos sempre ir em frente e trabalhar, e está associado à agitação.

PERGUNTE A SI MESMO:

- "Como os ladrões estão se intrometendo em meu caminho?"

5

PERGUNTAS SIMPLIFICADORAS

ELIMINANDO O QUE SOBRA PARA RECUPERAR O MELHOR

QUANDO O VALOR SUBSTITUI A QUANTIDADE EM NOSSOS OBJETIVOS, LIBERAMOS NOSSO POTENCIAL.

Apesar da essência valiosa dos ladrões — Motivação, Excelência, Informação e Atividade —, muitas vezes eles nos ensinam, e ensinam nossa empresa, a intensificar tudo e não deixar nada para trás. Sua voracidade esmaga o brilho nobre e elevado da grandeza dentro de nós — o ímpeto que mal podia esperar para conseguir o primeiro emprego. É essa fagulha que necessita de oxigênio ao redor para ser acesa novamente.

É hora de *faxinar* o seu dia — usar a pausa estratégica para ser redutor. Na matemática, fator "redutor" é o fator que "reduz a quantidade de". No contexto de criar espaço em branco, ter mente redutora é uma forma de ver o mundo em que o ato de se livrar do desnecessário passa a ser uma segunda natureza. É uma comemoração do sentimento elegante e expansivo do "menos" — menos complexidade, menos itens na lista de tarefas, menos desperdícios, menos interrupções, menos pontos de contato e reuniões sem necessidade.

Como Michelangelo conseguiu esculpir Davi a partir de um bloco de mármore sem forma? Ele pegou uma pedra enorme e removeu tudo o que não era Davi. E qual é o Davi que vamos descobrir juntos? Seu melhor trabalho, leitor, e sua melhor vida. O trabalho importante que faz você sair da cama pela manhã. Sua vida plenamente aproveitada e não perdida.

Precisamos pegar nosso cinzel e desbastar o resto. Ser redutor significa desenvolver um reflexo ou tendência de desprezar, reduzir, deixar passar, renunciar, pular ou eliminar o desnecessário. E vai de encontro aos instintos de "adicionar" que muitas empresas e profissionais desenvolveram.

Apegamo-nos ao acúmulo profissional desordenado pelo mesmo motivo psicológico que leva sua tia a guardar todas as revistas que recebe e os 30 batons com cores ultrapassadas. Ela receia jogar fora acidentalmente alguma coisa de valor. A mentalidade empresarial é surpreendentemente semelhante. Não estamos acostumados a eliminar coisas e tememos nos desfazer das erradas. Acrescentamos iniciativas e tarefas, porém raramente removemos as desnecessárias. Contudo, se fôssemos cautelosos e deliberados, reduziríamos o risco de eliminar incorretamente e começaríamos a aliviar nossa bagagem.

As empresas aprendem a reduzir quando suprimem processos internos e camadas de burocracia. Podem abrir mão de metas ou mercados, ou simplificar escolhas ligadas ao consumidor em produtos ou recursos, como Steve Jobs fazia. Depois de uma ausência de dez anos, Jobs retornou ao comando da Apple, em 1998, e descobriu que a linha de produtos se multiplicara como coelhos, ao passo que a lucratividade beirava o desastre. Ele pegou um cinzel e começou a trabalhar, cortando radicalmente a linha de produtos de 350 para dez. Dez anos depois, Jobs foi capaz de dizer à revista *Fortune*: "A Apple é uma empresa de 30 bilhões de dólares, no entanto temos menos de 30 produtos principais. Não sei se isso foi feito antes".[1]

O que deve ser submetido a uma revisão redutora em sua empresa? *Tudo*. Com coragem e curiosidade, devemos examinar cada categoria de ação no trabalho. É assim que criamos

[1] Gallo, Carmine. Steve Jobs's Strategy? "Get Rid of the Crappy Stuff"". **Fast Company**, 10 ago. 2010. Disponível em: https://www.fastcompany.com/1693832/steve-jobss-strategy-get-rid-crappy-stuff.

mais capacidade para execução. Pergunto: existe algo em sua mesa ou em sua vida que não mereça que você perca seu precioso tempo? Jogue fora. Amasse. Elimine. Seja destemido e implacável. A vida está abarrotada e precisamos aprender a abrir mão das coisas.

As perguntas simplificadoras

Uma pergunta pode forçar você a fazer uma pausa da mesma forma que uma lombada enorme o obriga a desacelerar. No trabalho e na vida, as Perguntas Simplificadoras farão o mesmo por você. Há quatro perguntas incrivelmente engenhosas que podem ajudá-lo a fazer uma pausa e dominar com maestria a aplicação da Motivação, da Excelência, da Informação e da Atividade. Cada pergunta simples direciona você para *o melhor*, a fim de abrir caminho para seu trabalho mais importante. As palavras a seguir proporcionam uma estrutura e uma linguagem compartilhável que mal posso esperar que você conheça. Eu as uso pessoalmente em quase todas as semanas de minha vida:

- Há alguma coisa da qual eu possa abrir mão?
- Onde "bom o suficiente" é bom o suficiente?
- O que eu preciso saber *realmente*?
- O que merece minha atenção?

Cada pergunta remete a um dos riscos dos ladrões e passa a ser sua solução:

- Motivação — quando se transforma em supermotivação — necessita ouvir: *Há alguma coisa da qual eu possa abrir mão?*
- Excelência — quando se transforma em perfeccionismo — necessita ouvir: *Onde "bom o suficiente" é bom o suficiente?*

- INFORMAÇÃO — quando se transforma em sobrecarga — necessita ouvir: *O que eu preciso saber realmente?*
- ATIVIDADE — quando se transforma em agitação — necessita acalmar seu desassossego o suficiente para ouvir: *O que merece minha atenção?*

As quatro perguntas que controlam os ladrões

RECURSO	RISCO	SOLUÇÃO
Motivação	Supermotivação	Há alguma coisa da qual eu possa abrir mão?
Excelência	Perfeccionismo	Onde "bom o suficiente" é bom o suficiente?
Informação	Sobrecarga	O que eu preciso saber realmente?
Atividade	Agitação	O que merece minha atenção?

As perguntas podem ser feitas individualmente, na equipe e na organização (mudando o "eu" para "nós" e o "minha" para "nossa"). Podemos recorrer a elas sempre que a sobrecarga ou a pressão do "fazer mais" ocuparem nossa cabeça; elas podem nos ajudar a discernir entre as aplicações habituais e as práticas dos ladrões e redistribuir nosso esforço, afastando-nos do desperdício e buscando o que tem valor.

Usando as perguntas

Donna era perfeccionista de carteirinha. Na verdade, gostava de dizer em tom de brincadeira que era um pouco COT (o mesmo que TOC[2], com as letras invertidas). Por ser diretora de *marketing* de uma marca de bebidas em rápido crescimento, seu perfeccionismo era um recurso enorme, até não ser mais. Donna tinha dificuldade para decidir entre perfeccionismo relevante para os negócios (as cores que escolheu para o novo *outdoor*) e o perfeccionismo "mais que criativo" (alinhar as larguras das colunas em uma planilha comum), em que ela se perdia em detalhes que demandavam tempo e impediam o andamento dos negócios.

Um dia, uma supervisora chamou-a de lado e disse algo reconhecidamente grosseiro, mas memorável: "Donna, o perfeccionismo no *marketing* é como fazer xixi usando uma calça escura. Ninguém nota, mas você tem uma sensação agradável de calor por todo o corpo". Depois de uma boa risada e da promessa de não repetir a analogia, a supervisora conversou a respeito do conceito do espaço em branco com Donna e outros da equipe com a mesma mentalidade. Quando começou a aprender as várias práticas, Donna adotou como lema uma das perguntas simplificadoras: "Onde 'bom o suficiente' é bom o suficiente?". Embora intimidada inicialmente pela premissa, Donna logo descobriu esse filtro mental valioso de escolher onde gastar suas preciosas moedas de excelência.

Toda pessoa encontra ressonância com uma pergunta controversa, e esse é o charme delas. Somos atraídos por aquelas de que mais necessitamos. Foi o que Mark Baublit descobriu; na verdade, ele usa apenas uma das perguntas, mas

[2] Transtorno Obsessivo-Compulsivo, TOC, um transtorno psiquiátrico de ansiedade que tem como principal característica a presença de crises recorrentes de obsessões e compulsões. A pessoa tem um pensamento obsessivo (p.ex., que a porta da casa pode não estar trancada) que a leva a um comportamento compulsivo (p. ex., a pessoa volta diversas vezes para conferir se trancou mesmo a porta). Conteúdo para pesquisa disponível em https://drauziovarella.uol.com.br/doencas-e-sintomas/transtorno-obsessivo-compulsivo-toc/. Acesso em: 21 mar. 2022. [N. do E.]

ela é fundamental para sua empresa. Quando tinha 16 anos de idade, Mark pediu emprego a um amigo da família. Colocaram-no em uma marcenaria com pouco mais de 4,5 m^2, coberta com serragem por toda parte, e disseram: "Veja o que você pode fazer aqui". Mark transformou o espaço. Em um local sem nenhuma segurança, com pilhas e mais pilhas de serragem e correndo o risco de tropeçar em pedaços de madeira compensada, Mark, sem receber nenhuma orientação, trouxe ordem ao caos. Quando o patrão chegou, disse simplesmente: "Uau!"; Mark recebeu a primeira de muitas promoções e logo passou a ter uma carreira invejável.

Mark aprendeu o significado de ética no trabalho com seu pai, "o homem mais trabalhador que conheci", mas, pressionado por sua constante atividade, acabou "vendendo" a saúde e a família em seu primeiro emprego. Quando abriu um negócio próprio, ele se propôs a desacelerar, fazendo esta pergunta a si mesmo: "O que merece minha atenção?". A resposta à qual chegou foi "mentoria intencional". Acreditou que sua missão era ajudar seus funcionários a se conectarem com o propósito da equipe e aprender a lição de cuidar de si mesmos que ele próprio deixara passar. Mark diz: "Quando os funcionários se alinham com uma visão, executam o trabalho com alegria e da melhor maneira possível". O uso habitual de sua pergunta simplificadora preferida reduz substancialmente o estresse de todos, e ajuda sua equipe inteira a trabalhar com "menos intensidade e mais intenção".

Qualquer elemento de seu dia de trabalho pode ser um alvo de redução por meio de perguntas (tanto suas quanto da equipe). Como exemplo, vamos escolher *decks* de apresentação. As equipes que treinamos em empresas de finanças internacionais trabalhavam em mais de duas dúzias de versões antes de encerrar uma apresentação. Se sua organização trabalha de modo semelhante, você precisa fazer uma pausa para permitir que as perguntas simplificadoras o ajudem a desatrelar seu talento desse tipo de esforço desgastante.

A respeito da ética de *decks* de apresentação, pergunte: "Onde o 'bom o suficiente' é bom o suficiente?". Converse com o grupo sobre gastar o tempo com *design versus* valor, principalmente no caso de reuniões internas.

Quanto aos dados, aos números e às tabelas em seus *decks*, a pergunta "O que eu preciso saber *realmente*?" age como um campo de força que o protege do desperdício. Ela pode conduzir a um debate desafiador sobre quais dados pertencem ao *deck* de leitura e quais pertencem ao *deck* de apresentação. Talvez você tenha de mudar alguns detalhes granulares para um índice anterior, uma pré-leitura (para compartilhar antes da reunião) ou uma pós-leitura (para compartilhar após a reunião).

Verifique seus hábitos a respeito dos *decks* e confronte-os com as perguntas: "Há alguma coisa da qual eu possa abrir mão?" ou "O que merece minha atenção?" e talvez você ache que o tempo *todo* gasto em elaborar certos *decks* é um desperdício. Talvez você tenha a coragem de concordar em trocar alguns *decks* por conversas verbais criteriosamente preparadas, economizando, assim, muito tempo enquanto aprimora, em conjunto, habilidades de apresentação dos escolhidos para liderar as discussões.

Seja uma Jane Goodall

Tenho compartilhado o uso redutor das perguntas simplificadoras com milhares de pessoas. Muitas são apropriadamente cautelosas antes de agir, porém as mais ansiosas sentem um desejo súbito de entrar em ação — rápido. Entendem, pela primeira vez, como são ridículas algumas tarefas que lhes pedem para fazer (ou que pedem a outros que façam). Com numerosos braços como se fossem deuses hindus, desenvolvidos por pura determinação, elas começam a cortar e destruir tudo o que poderia ser considerado desperdício. Até eu dar um basta.

Qualquer alvo redutor escolhido rapidamente pode ser arriscado. Quer matar o espírito redutor de alguém no primeiro dia? Deixe que ele corte algumas coisas erradas e pague o preço da consequência dolorosa. Quando a emoção deseja que aceleremos, devemos fazer exatamente o contrário, ou seja, mudar, antes de tudo, para um lento modo antropológico de avaliação e observação. Antes de tocar em um fio do cabelo de sua sobrecarga de trabalho, passe alguns momentos imitando o comportamento de Jane Goodall.

Jane foi contratada com outras três jovens relativamente inexperientes pelo paleoantropólogo Louis Leakey, que as enviou a diferentes partes do mundo para viverem em ambientes selvagens e admiráveis. Dian Fossey estudou os gorilas das montanhas em Ruanda, e Birute Galdikas morou com orangotangos na Indonésia. A mais amada de todas, Jane Goodall, foi estudar os chimpanzés na Tanzânia. Em seus escritos inspiradores, suas observações pensativas incluem anotações não apenas sobre seus arredores e temas, mas muitas vezes sobre suas emoções e seu comportamento.[3]

Antes de você começar, escale o monte coberto por neblina e observe suas tropas. Examine sua empresa, seus colegas e você. Não julgue. Faça anotações do local e pense como um antropólogo: curioso e neutro.

- O que parece não fazer sentido em seu trabalho?
- As pessoas têm tempo para pensar?
- Qual é o trabalho importante que faz tudo valer a pena?
- Há tempo suficiente para esse tipo de trabalho?
- Que pontos de contato específicos atrapalham?

[3] LINDSAY, Jennifer; BULZONE, Marisa. **Jane Goodall, 40 Years at Gombe:** A Tribute to Four Decades of Wildlife Research, Education, and Conservation. New York: Stewart, Tabori & Chang, 1999.

- Que pedido ridículo da empresa deixa todos malucos?
- (Ah, ah, não pule nenhum ao longo do caminho. Haverá tempo.)

Se você é líder, convoque sua equipe para compartilhar as ideias que guardam para si e nunca expõem. Se seu tom de voz for bastante acolhedor, e se você compartilhar algumas histórias discretas de suas lutas, talvez eles até contem a verdade. Gente motivada e ativa, vai ser difícil para vocês esperarem para atravessar esta fase, mas esperem. Gente da excelência e da informação, vocês sentirão a necessidade de prolongar este período, em busca do "suficiente" ou do que é "certo". Comprometam-se durante uma semana ou duas e depois abaixaremos a bandeira verde para vocês se afastarem.

Há mais uma razão para ser prudente e cauteloso no início. Eu jamais gostaria que alguém prejudicasse sua reputação de tenacidade profissional por fazer uma mudança redutora de maneira desajeitada. Não deixe que o entusiasmo faça você esquecer de onde está e para quem trabalha. Estou sempre treinando pessoas com revolta redutora nos olhos para ter certeza de que as medidas que tomam são seguras para sua carreira profissional e seguras diante dos líderes que talvez não ganhem prêmios por pensamento evoluído, mas continuem bons na arte de demitir funcionários.

Atum *versus krill*

Quando você usar as perguntas para resgatar tempo e foco, vai precisar estabelecer uma diferença entre dois tipos principais de redutores: atum e *krill*.

O atum do Atlântico é um peixe gigante. Se você pescasse esse predador extremamente brilhante, teria alimento por um bom tempo. Por outro lado, você poderia acumular valores nutritivos com uma pequena porém poderosa fonte de proteína como o *krill*. Esses crustáceos pequeninos possuem níveis mais altos de antioxidantes que os peixes e são tão abundantes que sua biomassa neste planeta é maior que toda a humanidade.

Os entusiasmados novos adeptos da mentalidade redutora estão à procura do atum. Querem cancelar um *off-site* de três dias, retirar-se de um comércio internacional ou abandonar um projeto de vários anos. Querem ser um Steve Jobs. Saboreiam o forte impacto de um grande atum de lixo corporativo batendo no convés.

Eu, porém, gosto do *krill*. É o melhor lugar para a maioria de vocês começar. É semelhante ao momento em que os usuários do espaço em branco me dizem que começaram a eliminar 5 minutos de cada reunião. Semelhante até mesmo ao momento em que um espaço programado é eliminado do *software* de rastreamento dos clientes, para que cada vendedor de uma equipe economize meio segundo, 60 vezes por dia vezes cem vendedores, e use os momentos que encontrou para aprimorar sua proposta de valor. A matemática dança feliz em minha cabeça quando uma equipe de clientes muda seus relatórios de despesas, antes tão complexos, para relatórios diários. E o *krill* não vai ferir seu ombro enquanto você tenta puxá-lo.

No palco de um dos belos auditórios escolares de nosso cliente em Washington, D.C., descobrimos uma grande pilha de *krill*. Durante a sessão de perguntas e respostas, uma pessoa falou de seus relatórios 5-15, uma ferramenta de produtividade que respeito e que é completamente redutora. Relatórios 5-15 de equipe são uma forma de trocar os relatórios grandes e complicados que ninguém lê e adotar um relatório conciso semanal resumindo sucessos, prioridades e desafios.[4] O objetivo é criar atualizações que levam cinco minutos para serem lidas e não mais que quinze minutos para serem escritas.

[4] Buchanan, Leigh. How Patagonia's Roving CEO Stays in the Loop. **Inc.com**, 18 mar. 2013. Disponível em: https://www.inc.com/leigh-buchanan/patagonia-founder-yvon-chouinard-15five.html.

No entanto, mesmo nessa luta de peso-leve, o relatório 5-15 dentro desse grupo de pessoas criativas parecia opressivo. Lembrei-me imediatamente do *krill*, mesmo dentro do formato de uma técnica simplificada. Usamos, portanto, a matemática: 150 pessoas x 20 minutos semanais (lendo um e escrevendo um, foi nossa suposição) = 3.000 minutos ou 50 horas por semana x 50 semanas úteis, ou seja, 2.500 horas semanais. A partir dessa nova informação, aqueles profissionais inteligentes puderam discutir se esse era o melhor uso do tempo deles, se os intervalos poderiam ser prolongados entre as atualizações úteis e direcionadas e se cada pessoa necessitava realmente fazer esse trabalho.

Comece com o *krill* em sua função e organização e, à medida que se tornar mais corajoso e com mais habilidade, passe a fazer também as perguntas do tipo atum. Que processo enorme está pesando sobre você? Que novo recurso seus clientes sugeriram que agora parece obrigatório implementar (mas pode não ser)? Que produto ou recursos você pode decidir retardar ou não fazer absolutamente nada? Você conhece aquelas pesquisas enormes de comprometimento? Trimestrais seriam suficientes? São realmente úteis?

Seja cauteloso e saiba que tanto o atum quanto o *krill* nunca param de se multiplicar em sua organização. *Eles vão voltar*. Você limpa a bagunça, dá meia-volta e descobre que chegaram outros tantos. É uma parte natural do processo. Mas quero que você não permita que voltem, se possível. Mantenha-se firme lembrando-se do valor do tempo sem compromissos e das riquezas recuperadoras, redutoras, reflexivas e construtivas que ele proporciona.

Delegação e procrastinação

Delegação de poderes é um meio óbvio de criar mais tempo livre, mas as pessoas hesitam em usá-la por motivos que incluem: desconfiança geral, desconfiança específica, preocupação por ser uma pessoa dispensável, sentir culpa por pedir ajuda ou pensar que pode fazer tudo melhor. Alguns de nós "delegamos pela metade", controlando com os olhos o projeto supostamente liberado e, consequentemente, torturando a pessoa a quem foi delegado o poder (é difícil trabalhar com um gavião voando acima de nós) e eliminando com teimosia o espaço em branco que esperávamos conseguir.

Você já ouviu falar em uma construção com aparência de ficção científica do fim da década de 1980, no deserto do Arizona, chamada Biosfera 2? Tratava-se de uma imensa estrutura de vidro, que os cientistas construíram para imitar a biosfera verdadeira — a área da superfície da terra que contém seres vivos. Foi o maior sistema ecológico fechado criado até hoje — a ecologia indo ao encontro da tecnologia. Oito cientistas trajando macacões azuis trancaram-se naquele ambiente que continha sete biomas replicados, desde florestas tropicais e recifes de corais até uma extensão de falsa savana. Os cientistas viveram dentro da estrutura durante anos, cultivando 83% dos alimentos que ingeriam, acompanhados de primatas semelhantes a lêmures chamados *bush babies*.[5]

Antes de todo o projeto implodir por causa das tensões entre o grupo e da insuficiência de oxigênio, as árvores cresceram fortes e altas dentro da estrutura em razão da quantidade ideal de água e nutrientes.[6] E depois morreram misteriosamente. Por quê? Porque nunca tinham sido expostas ao vento. Aparentemente, os micromovimentos de resistência contra ventos fortes fortalecem as células das árvores. O esforço constrói o tecido de ligação que é indispensável à estrutura do tronco.

[5] Bebês do mato *(Galago senegalensis)*. [N. do T.]

[6] Pant, Anupum. The Role of Wind in a Tree's Life. **Awesci**, 29 dez. 2014. Disponível em: http://awesci.com/the-role-of-wind-in-a-trees-life/.

Com essa imagem em mente, devemos delegar poderes à nossa equipe para que todos também enfrentem o vento e cresçam fortes. Delegue poderes com frequência a seus subordinados confiáveis de primeira linha, mas não se esqueça de dar oportunidades de desenvolvimento ao pessoal da segunda linha, entregando tarefas àqueles em quem você quase confia, mas não totalmente. É a única maneira de desenvolver novos talentos e aumentar seu quadro de primeira linha. E certifique-se de não ser vítima da síndrome Spanx — cintas modeladoras que apenas comprimem as partes volumosas do corpo, mas não reduzem nada. A delegação de poderes e, neste caso, a automação podem dar-nos uma desculpa para passar por cima da eliminação, que, para os bons reducionistas, é sempre a primeira escolha.

Às vezes, demoramos para puxar nosso atum em razão de uma ideia errada que chamo de Ilusão das Seis Semanas. Por exemplo, se você tiver de se encontrar com um fornecedor pela terceira vez, pode dizer: "Agora não é o momento, mas podemos nos reunir em agosto (daqui a seis semanas mais ou menos)". De acordo com sua agenda espaçosa e toda em branco, agosto parece um mês tranquilo em comparação com o mês abarrotado no qual você está. Contudo, se você refletisse mais um pouco, veria que meados de junho pareciam exatamente iguais ao final de abril, mas estavam preenchidos de alguma forma. Como o futuro sempre faz. Como o futuro sempre fará.

O seu agosto é agora. Não mais tão espaçoso. As necessidades dos clientes são grandes e com prazos rápidos. Novas ideias para melhorar seus negócios batem em seu ombro. Ao chegar em casa, seus filhos ainda necessitam de queijo grelhado e de um árbitro paciente. Sua agenda, antes vazia, criou uma esperança irreal que afetou sua lucidez. Você mantém a contragosto a reunião com o fornecedor, e seu atum volta para o fundo do mar.

Aprender a delegar poderes e ver o futuro com esmero são duas habilidades que você pode desenvolver aos poucos.

À medida que adquirir prática em abrir mão de tarefas, você encontrará tempo para pausas mais recuperadoras, reflexivas e construtivas. Poderá fazer menos e realizar mais. Ao tirar os pesos dos tornozelos, você finalmente verá que é capaz de correr muito rápido.

Mate seus queridinhos

Na publicidade, essa frase chocante refere-se a eliminar textos de um artigo ou livro de que você gosta muito, mas precisa cortá-los para dar destaque a um texto mais importante. No trabalho, temos de sacrificar da mesma forma nossos projetos e ideias preferidos, a fim de liberar energia e talento.

Com nossos clientes, minha equipe e eu facilitamos, às vezes, esse processo, e uma equipe de executivos com a qual trabalhamos não conseguia imaginar abrir mão de nada. A maior parte do trabalho diário daquele grupo era ficar frente a frente com o cliente, o que aumentava o problema. No início de nossa única e longa sessão juntos forramos as paredes com papel *kraft* para que eles pudessem criar um *brainstorm* principal com as tarefas e os projetos do departamento inteiro. Como sempre, demorou um pouco para a lista ser preparada e voltamos no dia seguinte para continuar.

Chegou, então, a hora de identificar os itens essenciais para que o resto pudesse ser filtrado e reduzido. Depois de uma conversa difícil, eles chegaram a um consenso sobre os três itens principais que todos consideravam fundamentais e desenharam um quadrado vermelho ao redor de cada um. Depois, cada pessoa tirou a tampa de um marcador de texto preto e fez um "passeio de museu" nas folhas de papel na parede para ticar os itens que poderiam ser reduzidos — por exemplo, atribuídos a outras pessoas, adiados, encolhidos ou eliminados. Cada item sem o quadrado vermelho ao redor era passível de crítica. Eles trabalharam e andaram durante uma hora e voltaram juntos com exatamente... surpresa! Nenhuma redução possível.

Eu poderia ter contado a você que isso aconteceria porque todos os itens da lista eram importantes. Além disso, os processos complexos são quase sempre muito difíceis de mudar. Chegar a um acordo é difícil porque o lixo de uma pessoa é o queridinho de outra. Ninguém quer abrir mão de suas coisas.

Esse é um viés cognitivo chamado efeito IKEA, por meio do qual temos a tendência de atribuir um valor desproporcionalmente alto a coisas que ajudamos a criar (mesmo quando as gavetas não abrem e fecham com facilidade).[7] Nosso autoconceito positivo transborda nas coisas em que trabalhamos. Um tipo de dissonância cognitiva, conhecido como "justificação do esforço", é importante para entendermos esse efeito.[8] A justificação do esforço, quando fazemos algo difícil ou desgastante, descreve como queremos acreditar que houve um bom motivo para todo aquele empenho. Como resultado, torna-se muito difícil abandonar um projeto de baixo valor que consideramos nosso filho.

Perto do final de nossa sessão, a equipe finalmente encontrou uma pequena rachadura na barragem. Uma pessoa, examinando obstinadamente as paredes forradas de papel, encontrou um relatório totalmente desnecessário. Então, outra pessoa sugeriu cautelosamente que fosse eliminado. E todos se envolveram no assunto. O líder da equipe passou a fazer melhor o seu trabalho, e as atitudes de suas divisões também melhoraram exponencialmente, mas, como todos, ele achou que o começo foi um pouco difícil.

7 NORTON, Michael I.; MOCHON, Daniel; ARIELY, Dan. The "IKEA" Effect: When Labor Leads to Love. **Harvard Business School**, 2011, Working Paper 11–091.

8 AXSOM, Danny. Effort Justification. In: BAUMEISTER, Roy F.; VOHS, Kathleen D. (eds.). **Encyclopedia of Social Psychology.** Thousand Oaks, CA: SAGE Reference, 2021.

Sorria

Smile, you're on Candid Camera é um *jingle* que você é capaz de cantarolar, mesmo que nunca tenha visto o programa.[9] Mas, se você vê filmes com frequência (ou é admirador da TV clássica), deve se lembrar da experiência singular de ver as pessoas sendo totalmente elas mesmas nos momentos mais inocentes, porém reveladores. Descobrir essa realidade foi uma aptidão que meu pai desenvolveu no exército.

Papai foi segundo-tenente do Army Signal Corps, com base em Muskogee, Oklahoma, durante a Segunda Guerra Mundial. Sua função era gravar mensagens que os soldados enviavam às pessoas queridas. Mas ele tinha um problema. Tudo ia bem durante o ensaio da gravação, mas, quando a luz vermelha se acendia, o soldado ficava nervoso e não conseguia falar. Os discos de gravação eram caros e não podiam ser reutilizados, portanto papai decidiu desligar a luz vermelha e iniciar a gravação sem que os soldados soubessem. Nessas ocasiões todos os sentimentos mais sinceros dos soldados vinham à tona. A ideia de gravar sem que as pessoas soubessem transformou-se em *Candid Microphone*, e depois *em Candid Camera*, e por fim em um estilo inteiro de *reality show*.

A missão do programa era pegar as pessoas "no ato de serem elas próprias" e acender os holofotes para mostrar a magnífica singularidade. Esse é também o nosso objetivo ao usar a pausa para ser redutor. Queremos remover o véu do desperdício para revelar o seu melhor "eu" — desimpedido, solto e livre. E isso inclui o combustível e os talentos que você recebe dos ladrões, porque existe um ponto ideal, um pouco antes que cada videira de flor roxa cresça demais, quando ela é *simplesmente bela*. É o último ponto da continuidade de

9 Série de televisão norte-americana de câmera escondida que foi ao ar de 1945 a 2014. [N. do T.]

sua força usada para o bem. O momento pode ser registrado, pouco antes que eles comecem a pedir emprestados recursos que não lhes pertencem e nos deixam sobrecarregados. Nosso trabalho em conjunto é encontrar esse ponto e tentar nos equilibrar nele.

Martha Graham, a figura lendária da dança moderna, disse: "Há apenas um de você o tempo todo; essa expressão é única e, se você a bloquear, ela nunca existirá por nenhum outro meio e será perdida".[10] As perguntas simplificadoras trazem você de volta — para você. Elas enviam uma onda de serenidade, desligam emocionalmente e ajudam a mudar as expectativas. E, depois, varrem a plataforma para que você suba nela e faça o que foi proposto em seu coração.

[10] Robinson, Sir Ken. **Finding Your Element:** How to Discover Your Talents and Passions and Transform Your Life. New York: Penguin Books, 2013. p. 20.

PARE UM MINUTO PARA PENSAR... NAS PERGUNTAS SIMPLIFICADORAS

LEMBRE-SE:

- Ao usar a pausa estratégica para ser redutor — e eliminar o lixo de seu dia, você poderá encontrar mais espaço para um trabalho significativo.
- Quatro perguntas o ajudarão a dirigir com arte a aplicação da Motivação, da Excelência, da Informação e da Atividade.
    - Há alguma coisa da qual eu possa abrir mão? (para Motivação)
    - Onde "bom o suficiente" é bom o suficiente? (para Excelência)
    - O que eu preciso saber realmente? (para Informação)
    - O que merece minha atenção? (para Atividade)
- É recomendável desacelerar e observar primeiro, como um antropólogo, antes de remover tarefas, projetos ou pendências.
- Os pequenos alvos de simplificação redutora *(krill)*, quando multiplicados, podem ser eficazes e menos estressantes que os alvos grandes (atum).

PERGUNTE A SI MESMO:

- "Para qual trabalho significativo não estou encontrando tempo?"

6

URGÊNCIA ALUCINADA

DESLIGANDO-SE DA CULTURA DO AGORA

REGULE A URGÊNCIA E O ESPAÇO APARECERÁ.

Na agricultura pré-industrial, era comum os operários mastigarem folhas de coca (a origem da cocaína) enquanto trabalhavam. O trabalho manual e repetido, realizado sob sol escaldante, torna-se mais fácil quando a pessoa está levemente drogada — "Melhor trabalhar sob efeito da química" — para manter o esforço.

A maioria de vocês não é trabalhador braçal, mas, sem saber, está tentando executar um trabalho extremamente complexo de solução de problemas, e fica literalmente "drogada" nessa correria. Não estou falando daquela goma grudenta e especial que você mascou no seu aniversário. Estou falando do estado mental alterado de urgência alucinada, uma condição crônica na qual a sensibilidade do tempo das tarefas é achatada e todos vivem em estado permanente de luta ou fuga — o dia inteiro, todos os dias.

Você já apertou rapidamente o botão "enviar" e teve a sensação súbita de arrependimento? Agradeça à urgência alucinada por isso. Já enviou uma resposta precipitada que não deveria ser enviada? De novo, a urgência alucinada tirando a resposta de sua boca com a manobra de Heimlich da comunicação.

Envie aquela proposta! Responda àquela mensagem de texto!! Caramba, mais uma mensagem urgente!! Responda rápido senão você será considerado insensível. Alimentados pelas batidas dos pés, pelos cliques das canetas e pelo ritmo acelerado ao nosso redor, definimos, sem pensar, que cada coisa que tocamos é sensível ao tempo. Acionamos o alarme falso em todos os corredores e esquinas. Com essa forma de trabalhar, usamos nosso precioso esforço aleatoriamente, sem nenhuma pausa previsível.

Como fungos que se multiplicam em lugares úmidos e escuros, os Ladrões do Tempo proliferam no ambiente da urgência alucinada — principalmente o Ladrão da Atividade, que se reproduz nessa lagoa. Quanto mais rápidos e reativos somos, menos "pensamos primeiro e agimos depois". Nesse paradigma não somos seletivos nem intencionais a respeito dos níveis de Motivação, Excelência, Informação e Atividade que empregamos momento após momento. É muito importante reagir à urgência enquanto você percorre o caminho do espaço em branco. Usar a pausa estratégica, entender os ladrões e fazer perguntas simplificadoras serão ferramentas mais eficazes se seu ritmo não for acelerado. Quando, porém, nosso corpo está habituado a saltar antes de olhar, perdemos o mecanismo poderoso da deliberação. Criamos expectativas que nos enganam — como aconteceu comigo.

Fome de paz

Em 1998, enquanto encontrava meu caminho para descobrir o espaço em branco e estudar a facilitação em grupo, viajei a Israel como canal de comunicação em um projeto de paz palestino-israelense chamado "Escuta Compassiva". Realizamos dezenas de reuniões com pessoas de cada canto do conflito, inclusive um poeta árabe, um rabino ortodoxo, diretores do Knesset (parlamento israelense) e crianças surdas da Faixa de Gaza. Veja o que encontrei. Quando você é cidadã americana judia, hospeda-se na casa de um oficial da Organização para a Libertação da Palestina (OLP) em Hebrom durante um dia e instala-se na Cisjordânia alguns dias depois. É melhor ter a mente aberta: mente aberta em assuntos políticos, mente aberta em assuntos religiosos e, naquele caso, mente aberta em assuntos culinários. Veja bem, nessa viagem conheci a verdadeira tortura do pepino no Oriente Médio.

Em todos os lares onde nos hospedamos, inclusive árabes, fomos informados de que jantaríamos ali. Em razão de nosso itinerário, percorremos os locais quase sempre durante o dia, como fazem os viajantes atarefados, esquecendo-nos de comer ou, então, alimentando-nos de pacotes de amendoins velhos ou batatas fritas engorduradas. O que não sabíamos era que as refeições fartas e quentes dos árabes eram servidas ao meio-dia. As panelas quentes dos nossos sonhos, contendo *tagine* de frango com açafrão e arroz com pistache, já estavam vazias e lavadas algumas horas antes de nossa chegada. Noite após noite, morrendo de fome e cheios de esperança, entrávamos na cozinha de nossos anfitriões imaginando que nos serviam lanches frios por falta de dinheiro ou descuido. O mesmo ocorria todas as noites. Primeiro serviam o *pita bread* obrigatório. Depois, o salame surrealmente rosado. E, em seguida, os pepinos. Eram servidos com molho. Em forma de salada. Sem nenhum acompanhamento. Como operadores de *telemarketing* nas noites de domingo. Os pepinos continuavam a chegar.

Talvez você imagine que tínhamos alguma pista. Mas éramos enganados todas as noites. É assim que a teimosia invade nossa mente quando nos agarramos às nossas expectativas, como o norte-americano que diz que o jantar é farto e quente e o almoço é reduzido e frio.

Da mesma forma, as expectativas em torno do ritmo de trabalho estão enraizadas em nós de tal forma que não vemos nada. Mais rápido é melhor, e o trabalho é uma competição na qual a velocidade é uma categoria de primeira linha a ser julgada. Qualquer lacuna nos sinais de resposta em tempo real é um problema. A espera é uma fraqueza. Com cada *e-mail*, cada *bip* e todas as formas de chamar a atenção, sentimos a atração pavloviana de atender à expectativa na hora.

A urgência alucinada nos faz interromper nossos colegas o tempo todo, irrefletidamente. Sob pressão, valorizamos mais nossas necessidades prementes que o tempo que roubamos dos outros. Contudo, esse roubo é míope. Ignoramos uma verdade cármica de que tudo o que vai, volta. Nossa interrupção torna o comportamento mais previsível e aceito e, com isso, as interrupções voltam diretamente para nós.

Nas conversas, a urgência alucinada anula qualquer possibilidade de pensar antes de responder ou de tolerar uma pausa reflexiva dos outros. Se uma espécie de incêndio nos atinge — o que é diário em muitas empresas —, não ousamos dar um passo atrás para esclarecer o objetivo do trabalho, quem deve ser envolvido, a linha do tempo ou os parâmetros exatos do pedido. Provavelmente vamos limpar nossa mesa de trabalho com um movimento dramático do antebraço e correr, correr, correr, sem pensar que a pressa talvez exija que o trabalho seja refeito. Essa chegada súbita de filhotinhos morrendo de fome destruirá qualquer trabalho importante que tentarmos realizar e nos dirá que não temos escolha.

Trata-se de uma ilusão. O tempo não está correndo mais depressa — quem está correndo é você. Quem está decidindo correr é você. Seu corte de cabelo é escolha sua. Seus passatempos são escolhas suas. Suas palavras são escolhas suas. A urgência é escolha sua. Seu chefe e sua equipe podem escrever uma história que cubra tudo com uma leve camada de entusiasmo, mas você não precisa aceitá-la. Na verdade, ao optar por essa forma especial de conformidade social você ajuda mais a si mesmo e a sua empresa.

Urgência verdadeira

Vamos contrastar nossa ilusão diária de urgência com um lugar no qual a urgência não poderia ser mais real — um pronto-socorro. Fiz isso quando me preparava para apresentar uma palestra para a Associação dos Enfermeiros de

Prontos-socorros com um desafio único: como os enfermeiros de prontos-socorros, trabalhando sob a força da urgência *verdadeira* — urgência de vida ou morte, urgência de não haver mais chances — conseguem fazer algumas coisas mais importantes que outras?

Esse trabalho heroico exige conduta emocional precisa, que deve ser afetuosa e conectada com os pacientes, mas não exagerada, para que o sofrimento não torture o profissional quando as coisas dão errado. Achei que o espaço em branco poderia ajudá-los a encontrar esse equilíbrio. Seria possível, entre todos os alarmes, mensagens de alerta, testes vitais e pacientes em sofrimento, fazer uma pausa estratégica quando necessário? Descobrimos que sim.

Durante o tempo que passamos juntos, concentramo-nos em identificar momentos em que eles poderiam ir em frente movidos unicamente pela adrenalina, e outros em que a pausa estratégica seria muito importante — quando o espaço em branco poderia dar-lhes suporte para realizar melhor seu trabalho. O grupo encantou-me com sua sinceridade criativa. Percebemos que, na rotina meticulosa de um enfermeiro ao lavar as mãos, havia tempo suficiente para um longo e refrescante gole de espaço em branco. Eles descobriram que, enquanto andavam rápido pelos corredores centenas de vezes durante o dia, sempre com os braços ocupados, poderiam permitir que sua mente fizesse uma pequena pausa recuperadora enquanto o corpo continuava em movimento.

Todas as vezes em que me lembro dessa experiência, crio na mente a imagem do que a palavra "urgente" significa verdadeiramente. Há sangue? Há pulsação? São perguntas urgentes. Meu relatório foi enviado? Há dados suficientes nesta apresentação? *Nem tanto*.

Perguntei a uma das enfermeiras como era possível manter o equilíbrio emocional, no momento da triagem, quando pessoas feridas e mães apavoradas dentro de uma sala lotada gritavam com ela através do vidro, exigindo sua atenção. Ela disse: "Faço uma pausa. Sorrio. E digo a todos os que estão na fila: 'Um de cada vez'".

Categorias de urgência

Quando usamos o espaço em branco no trabalho, exercemos autoridade sobre nossas escolhas ao rebater as expectativas da urgência alucinada. Uma pessoa, uma equipe e uma interação por vez podem afastar a cultura do agora e aumentar a prática da urgência proposital. Comece com a Fatia, que você já sabe como usar. No contexto da urgência alucinada, você pode usar a Fatia sempre que alguém lhe pedir para avaliar a pergunta do "quando" ou do "quanto demora".

Usando a Fatia da urgência

Ao fazer uma pausa estratégica nesses momentos, evitamos tirar de outra pessoa a definição de urgência e transformá-la em nossa. Com o uso da Fatia subjugamos o grito de urgência e fortalecemos nossa habilidade crucial de controlar o impulso — a habilidade de parar antes de agir com base em um desejo imediato. Quando faz uma pausa, você desacelera e pode incluir qualquer item diante de você em um uma destas três categorias de urgência:

1. Não sensível ao tempo. Parece óbvio, mas é raro reconhecermos que uma necessidade possa ser "não sensível ao tempo". A referência a esta categoria, em voz alta, a uma equipe, a um assistente e, claro, a você mesmo faz maravilhas para priorizar a habilidade de cada um. Você vai ter de ser muito explícito para ajudar as pessoas a entender que um item não é sensível ao tempo, pois elas não esperam esse tipo de categoria no trabalho.

2. Taticamente sensível ao tempo. Aqui a velocidade para agir está amarrada a um resultado comercial. Se, durante a fatia escolhida do espaço em branco, você identificar sensibilidade tática ao tempo, é nesse ponto que seu negócio e sua carreira vão progredir rapidamente. No entanto, embora você identifique um item como urgente, urgência não é emergência — e ele pode ser abordado com calma. Quanto mais progresso você fizer na redução, menos obstáculos terá, e mais fácil será aplicar uma mudança brusca de velocidade às necessidades de alto valor.

3. Emocionalmente sensível ao tempo. Nesta categoria, as necessidades estão disfarçadas de taticamente sensíveis ao tempo, mas, na verdade, não são. A compulsão para priorizá-las procede de outra fonte. Curiosidade, ansiedade, preocupação, controle, desconforto com ambiguidade ou ausência do ritmo hiperativo do ladrão da atividade podem fazer parte da mistura. Até as emoções positivas podem atuar como

combustível, como empolgação ou interesse. Mas se Spock, o vulcano principal da neutralidade, estivesse avaliando, afirmaria que a motivação é mais emocional que a lógica.

Estes são alguns exemplos de onde você deve usar essa estrutura de três categorias:

- Antes de pedir qualquer tipo de dados ou relatórios não programados.
- Antes de enviar um *e-mail* para perguntar sobre o andamento de um projeto.
- Antes de acrescentar um novo produto à sua linha.
- Antes de gastar uma quantidade significativa de dinheiro de sua empresa.
- Antes de interromper alguém pessoalmente ou por mensagem.
- Antes de fazer uma pergunta irrelevante em uma reunião.
- Antes de convocar uma reunião *ad hoc.*
- E, claro, se você estiver do outro lado de qualquer um destes exemplos.

Pegue uma fatia de espaço em branco para controlar seu desejo de receber gratificação imediata. Analise o nível da urgência verdadeira nas três categorias. Então, se o item for urgente de verdade, compartilhe-o ou entre em ação. Evidentemente, assim que decidir que algo é taticamente sensível ao tempo, você deve ainda decidir até que ponto ele é sensível quando comparado com outras tarefas. A Fatia é, de novo, o lugar para obter esse *insight*. Elabore uma lista de tudo o que você determinou que é, de fato, urgente e depois classifique os itens listados usando a mente, não seus reflexos. Avalie suas prioridades como Monique, uma líder amável e talentosa em comunicações corporativas.

Quando conheceu o conceito de urgência alucinada, Monique pensou: "Bem-vindo à minha carreira inteira". Mas esse conceito passou por um teste decisivo em razão de um acidente específico. Sua pequena equipe estava baseada em Chicago, onde, durante os tumultos de 2020 em torno dos protestos contra a violência policial e as exigências por justiça racial, eles se viram em meio a uma tensão crescente. No fim do expediente de uma sexta-feira, a equipe de Monique recebeu a tarefa aparentemente urgente de emitir um comunicado sobre a posição da empresa a respeito da situação.

Com as emoções semelhantes às águas de um rio em turbulência, era quase impossível fazer uma pausa. A pressão para "divulgar alguma coisa" era enorme. As grandes empresas ao redor deles estavam correndo para publicar seus *press releases*, para dizer que se preocupavam com o assunto, para doar dinheiro e para agir corretamente. Havia muita coisa para mostrar: mostrar interesse, mostrar que se preocupavam, mostrar que podiam agir rápido.

Contudo, Monique sabia, por experiência própria, que a pausa torna mais dinâmico e eficaz tudo o que tiver de ser enfrentado. Pediu à equipe que fizesse uma tarefa aparentemente impossível: ir para casa e pensar no assunto durante o fim de semana. Eles demoraram um pouco para se acalmar e considerar realmente todas as opções. Quando a segunda-feira chegou, apresentaram uma estratégia elegante, ponderada e sem arrependimentos. Lutaram com o rio e venceram.

A Lista Amarela

Ao confrontar a urgência alucinada, você precisa analisar não apenas sua reação aos prazos dos outros, mas também às maneiras pelas quais sua velocidade afeta e infecta os outros. Com a percepção de que apenas uma parte do que você deseja compartilhar é taticamente sensível ao tempo, haverá necessidade de um lugar para armazenar os outros itens até o momento certo de liberá-los.

A Lista Amarela é a solução. Trata-se de um documento no qual você "estaciona" os itens que necessita discutir posteriormente. O nome deriva do ícone de notas do iPhone, onde nasceu, mas tem também o significado implícito da cor da desaceleração entre Pare e Siga. Com o uso firme e determinado dessa ferramenta, você poderá fortalecer o controle do impulso, moderar a urgência e reduzir extraordinariamente a comunicação desnecessária.

Tecnologicamente agnóstica, a Lista Amarela é usada para reunir todas as questões, ideias e problemas não sensíveis ao tempo para qualquer pessoa com quem você tenha contato frequente. Você pode ter uma lista por pessoa ou uma lista principal separada pelos primeiros nomes. Em vez de permitir que qualquer pensamento antigo se espalhe ao entrar em sua mente, você usa a ferramenta para consolidar as comunicações que podem esperar.

Quando sua Lista Amarela ficar longa, separe alguns minutos para compartilhá-la com a pessoa pertinente ou salve-a para reuniões individuais estabelecidas. Essas comunicações divididas em partes serão muito mais produtivas que o resultado da "morte por mil cortes", que é a regra na maioria das empresas. Elas criam uma das poucas circunstâncias nas quais curtas reuniões *ad hoc* são adicionadas — mas valem a pena. Você poderá marcar encontros diários ou quase diários com seu assistente ou sua equipe, economizando milhares de interrupções.

As listas amarelas podem também realizar uma mágica redutiva, fazendo que algumas necessidades desapareçam, porque, às vezes, quando você chega à reunião, encontra as informações no decorrer natural dos eventos ou o problema deixou de ser relevante. Atenção, líderes! Uma conversa do tipo Lista Amarela com seu assistente ou sua equipe provavelmente resultará em transferência de seu trabalho para eles. Você deve sempre supor que os pedidos urgentes ou de última hora vão *transferir* o trabalho que eles planejaram, sem o aumentar. É importante "ver os pratos" do pessoal e dos colegas, avaliando e monitorando até que ponto estão cheios, antes de servir outro acompanhamento. Esqueci-me disso certa vez e entreguei à minha assistente uma tarefa enorme e concluí com a alegre observação: "Viva! Minha lista está vazia". Ela resmungou em voz baixa: "A minha não". Eu não havia feito uma pausa para pensar na lista dela ou para mostrar empatia e opções construtivas.

Um executivo com quem trabalhei usava uma versão da Lista Amarela, mas enviava um *e-mail* de recapitulação após cada conversa, para compensar o aspecto redutor da ferramenta. Ele disse que isso servia, em parte, para manter os registros (facilmente substituídos pelo *software* de anotações) e, em parte, para confirmar que uma clara troca de informações havia ocorrido (não confiava totalmente nelas). Eu o provoquei a omitir. Há, claro, um tempo e um lugar para apresentações por escrito, não apenas por sua habilidade em fazer referência a elas depois, mas também para que os gerentes tenham, de vez em quando, visibilidade em uma cadeia de responsabilidade. Use uma fatia para fazer uma pausa e determinar quando sua necessidade de "apresentar por escrito" é apropriada e quando é um hábito gratuito ou com base no medo.

A Lista Amarela é positivamente transformadora com o *e-mail* porque a ameaça central do *e-mail* é sua fertilidade. Cada *e-mail* que você envia possui bebês, e aqueles *e-mails* enviados possuem bebês, portanto precisamos aprender a enviar menos *e-mails*. Temos de deter a proliferação na origem. (Posso dizer vasectomia de *e-mail*? Provavelmente, não.) A ferramenta é igualmente redutora com qualquer outra comunicação eletrônica e todas as formas de mensagens. Vou citar um exemplo usado em nossa empresa para explicar como o *e-mail* — e todas as urgências criadas falsamente em torno dele — pode ser reduzido drasticamente com essa ferramenta.

Nas comunicações internas de nossa empresa, tentamos colocar tudo o que é possível em uma Lista Amarela. Na maior parte do tempo usamos o *e-mail* somente para assuntos que sejam específicos e dependentes deles, como cópia para uma ou várias pessoas, *links* para serem clicados, vídeos, anexos, informações muito extensas para serem compartilhadas e digeridas lentamente e informações legais para que fiquem registradas. Se estamos viajando por países com diferenças de fuso horário, usamos um pouco mais o *e-mail*, uma vez que as ligações telefônicas são complicadas. Se o assunto é taticamente sensível ao tempo, usamos mensagens de texto e o celular no lugar do *e-mail* — canais mais apropriados para comunicação sincronizada. O resto vai para as Listas Amarelas.

Aqui vai um exemplo de como eu uso pessoalmente a ferramenta. Digamos que na quarta-feira eu tenha um desejo repentino de atualizar as informações de um cliente, a empresa Pneus Acme, por exemplo. Noventa por cento das vezes isso se chama impaciência, sem nenhuma razão comercial por trás. Não necessito atualizar as informações, mas sinto um desejo enorme de atualizá-las — imediatamente. Em um dia normal, em vez de ceder ao impulso, faço uma pausa, abro a lista para o vice-presidente responsável pela conta e escrevo: "Verificar a situação da Acme". O que acontece? O pensamento vai embora depois de ter sido colocado em seu devido lugar. Na próxima atualização de vendas bimensal, recebo essas informações no decorrer da reunião. Sorrio intimamente e risco o item da lista, divertindo-me com a beleza silenciosa de uma pergunta que nunca precisou ser feita.

Vamos analisar um exemplo mais complexo. Eu estava nos últimos meses de uma parceria da qual eu sabia que precisava sair. O relacionamento era volátil e havia muito dinheiro em jogo. Nos meses que antecederam o dia em que anunciei minhas intenções, usei a Lista Amarela como um lugar para desabafar minhas emoções com segurança. Anotei tudo o que me aborrecia ou que eu gostaria de poder dizer. A Lista Amarela não foi apenas uma ferramenta eficiente naquele caso, mas também uma ferramenta terapêutica — sem o risco de deixar escoar sentimentos intensos. Isso protegeu a outra pessoa de agressão injusta e manteve minha dignidade intacta por permitir que minha primeira reação menos centralizada fosse íntima. No dia em que eu estava pronta para pedir o "divórcio comercial", meus sentimentos estavam em ordem, pois haviam sido anotados, receberam espaço e foram processados, o que me deixou tão equilibrada e no controle que a resolução terminou com uma amizade que mantenho até hoje.

Finalmente, a Lista Amarela pode ajudá-lo a "escrever bêbado e editar sóbrio". Essa citação famosa, erroneamente atribuída a Hemingway, é às vezes cooptada por romancistas tentando justificar uma dose de Jäger ao meio-dia. No entanto, a intenção era fazer referência ao fato de que, entre as primeiras ideias e as ideias finais, há quase sempre uma brecha de sobriedade entre elas. Necessitamos de uma brecha porque, no momento da nova inspiração, podemos perder a objetividade e ser vítimas de uma espécie de adoração de ideias. De modo semelhante aos primeiros meses de um novo romance, um tom rosado cobre tudo e é difícil ver as imperfeições. Você pode usar sua lista como um lugar para "cozinhar" novas ideias durante uma semana. Deixe que o fluxo da criatividade e do *brainstorming* desperte seu pensamento, mas mantenha tudo no recipiente por uns tempos e deixe a obsessão passar. Quando você revisitar suas ideias, como um autor talentoso depois de uma boa noite de sono e a ingestão de alguns ovos, estará pronto para ver quais merecem ser alimentadas.

Clientes exigentes

Esclarecer a urgência também nos ajuda em nossas atividades quando estamos frente a frente com clientes. Podemos fazer perguntas como: "Aceitar um prazo de entrega para segunda-feira durante uma tarde de sexta-feira cria um estresse excessivo que poderia ser evitado com um prazo mais longo?". Ou dentro de uma equipe internacional: "Qual é a primeira e a última hora do dia em que aceitaremos uma teleconferência?". Essas perguntas nos permitem desenvolver relacionamentos referentes a serviços que, além de tudo, são autoprotetores. Ao dar pequenos passos na mudança de urgência com os clientes, concentre-se em um mantra que não falha. O que há para eles? Infelizmente a maioria dos clientes não costuma se preocupar se sua vida é mais serena. Eles querem apenas que seus pedidos estejam prontos. Portanto, qualquer mudança de comportamento deve ser sempre enquadrada nas necessidades deles. E viva! A verdade é que isso existe, sim.

Quando você estabelecer uma programação para ler os *e-mails* em vez de abri-los constantemente (como veremos no capítulo seguinte), não conte essa novidade a ninguém. Explique que vai abri-los de modo *mais previsível*. O poder dessa tática faz lembrar um estudo feito com técnicos de enfermagem sobre a frequência com que os pacientes apertam o botão de chamada. Quando não havia nenhuma programação para indicar a disponibilidade dos enfermeiros, os pacientes tocavam a campainha para qualquer nível de urgência. Contudo, quando os enfermeiros anunciaram que passariam em determinados horários, a quantidade de chamadas diminuiu imediatamente. Os pacientes distinguiram com facilidade e naturalidade as situações que poderiam esperar a chegada do enfermeiro das que necessitavam de atenção imediata.

Digamos que você trabalha em uma agência de publicidade ou em um departamento de serviço interno que recebe pedidos de todos os lados. Inclua em suas conversas e assinaturas de *e-mail* uma frase mais ou menos assim: "Para dar-lhe uma *previsão* de quando estarei disponível, vou responder aos *e-mails* __________" e preencha informando seu intervalo preferido: três vezes por dia, a cada duas horas etc. Também é recomendável ter conversas explícitas sobre a "política de escada" que você e seu cliente preferem quando há pressão no trabalho. Esta é minha escada de urgência: *e-mail* — sensibilidade de tempo mais baixa; mensagem de texto — próximo nível; telefonema — nível mais alto de todos. Aqueles que trabalham com você devem saber como subir em sua escada quando o assunto é urgente. Pergunte a seus clientes o que eles preferem e compartilhe com sua própria hierarquia.

Se você vai sair em férias e criar uma mensagem automática informando que estará ausente durante tal período, faça alguma referência ao "novo você" que voltará depois desse período de descanso. Mencione "redefinir ou revigorar" para ser útil. Se não aceitar um prazo muito curto, cite os motivos, dizendo que deseja realizar um excelente trabalho para eles em tempo razoável, sem mencionar suas necessidades. Se for incumbido de realizar uma tarefa de qualquer tipo, não se esqueça de fazer a pergunta brilhante: "Para *quando* você vai precisar disto?". A pergunta mostra que você se preocupa com os projetos e prazos deles, aumenta seu valor aos olhos deles e poupa-os de tensão desnecessária. (Fico espantada com muitos fornecedores e prestadores de serviço que não têm esse hábito e estabelecem a expressão "tão logo possível" a todos os projetos.)

Além disso, assuma a responsabilidade sobre o modo como você "treinou" esses clientes. Algumas trocas de clientes são como pingue-pongue, com vaivéns rápidos e uma energia de intensidade. Algumas são vagarosas, como longos passes de futebol em espiral no quintal de casa. Se você se vê jogando pingue-pongue, é importante reconhecer o motivo. Quando você quebra a barreira de som em seu primeiro *e-mail* de resposta a eles, o jogo foi escolhido.

Mude o jogo gradualmente, da mesma forma que você treina um filho para dormir. Primeiro você se senta na cama dele, depois na cadeira perto da porta, depois passa a sentar-se na entrada do quarto e, por fim, do lado de fora. Trata-se de uma mudança em fases e quase imperceptível. É isso o que queremos ensinar a você para treinar novamente seus clientes atuais: não bata a porta abruptamente, deixando o garoto aos prantos.

Com todos os novos relacionamentos, comece da maneira como espera continuar, com uma conversa abrangente e acolhedora especificamente sobre urgência. Entregue-lhes o futebol e escolha esse jogo. Depois que conseguir fechar o negócio (e não antes), diga mais ou menos isto: "Gostaria de discutir o tempo para respostas, porque esse tempo é muito importante para proporcionarmos um serviço excelente. Consideramos normal um período de vinte e quatro horas para responder a todas as comunicações por *e-mail* e mais rápido para as mensagens de texto, se forem urgentes. Vocês concordam?". Tenha certeza de prometer somente o que vai poder cumprir, porque, assim que definir um prazo, as consequências serão negativas se ele não for cumprido.

Presença executiva

Restrinja a urgência e você conseguirá mais uma vantagem: presença executiva ampliada. Presença executiva é uma característica intangível que dá a você a qualidade de líder. É o atributo que lhe confere ares ou pose de executivo, com uma invejável mistura de calma, confiança, humildade, clareza e poder. Sem o espaço em branco, esse atributo torna-se visivelmente comprometido. Tenho solicitado a vários participantes de *workshops* que tragam à memória esse tipo de líder. Eles se lembram de detalhes como: "equilibrado, ponderado, bom ouvinte"; "tomou conta do ambiente assim que entrou". Ou esta resposta maravilhosamente específica: "ela se lembrou de um detalhe sobre cada pessoa que encontrou e seus gestos com as mãos eram lentos e calmos".

Líderes semelhantes a esses tratam pouquíssimas coisas como urgentes, e demonstram isso em tudo o que fazem: dedicam total atenção quando interagimos com eles, acompanham os assuntos de modo confiável e no momento certo, e demonstram uma cadência descontraída no modo de falar. Assumem que têm o direito de manter um ritmo calmo e o aceitam.

Agora pule para o filme de *sua* vida real, enchendo o estômago com uma barra de proteína em vez de almoçar, tropeçando enquanto se dirige à copiadora um pouco rápido demais e fazendo cinco coisas ao mesmo tempo. Será que você possui a disposição de um líder refinado ou parece confuso, submisso e ligeiramente desequilibrado? Não é você; é a música *speed metal*, que toca ao fundo em sua vida profissional que você precisa aprender a abafar. Desacelere conscientemente. Tenha a mesma solidez que você vê nos líderes e tente se controlar quando seu ritmo aumentar e você parecer, ou sentir-se, confuso e desorganizado.

Parte dessa urgência que deve ser reduzida é demonstrada na maneira confusa como muitas pessoas falam — sem clareza e passando rápido sobre pontos importantes. Ao tentar acompanhar o ritmo da urgência, incluímos muitas vezes palavras desnecessárias e pouco lisonjeiras em nosso vocabulário. Inclusões de palavras "como", por exemplo, são tiques nervosos que se originam do medo de fazer uma pausa e aniquilam completamente nossa língua (seguidas, claro, de suas primas igualmente vulgares "hã", "né" e "daí").

Conversei com Ken Coleman, apresentador de rádio conhecido em todo o território norte-americano e célebre entrevistador, sobre como é difícil incluir silêncio na conversa. Ele concordou com minha preocupação e contou-me uma história sobre uma pessoa famosa que fazia exatamente o oposto.[1] Ken entrevistou a extraordinária líder empresarial Angela Ahrendts, da Apple e Burberry, em um estádio com 12 mil pessoas. Ela fazia uma pausa praticamente a cada dois segundos para avaliar determinadas perguntas. "Era possível ouvir o

1 Entrevista da autora feita com Ken Coleman em 10 set. 2019.

som de um pingo d'água", Ken disse. "Foi impressionante demais, e a plateia parecia estar em transe, observando-a pensar, filtrar e depois falar. Coisa rara de se ver."

É por isso que as pessoas corajosas o suficiente para aguardar alguns segundos antes de falar são vencedoras: porque, segundo Coleman, "não se trata do tempo de resposta, mas de sua *resposta*". Imprima essa frase e pendure-a na parede.

Tirando um tempo de folga

Não tirar férias é o ônus da urgência do qual você mais se arrependerá. O vilão melodramático da urgência provoca seu maior estrago quando se trata de tirar um tempo de folga. Em um relatório publicado pela US Travel Association, em 2018 mais da metade dos trabalhadores não planejou usar o período inteiro de folga remunerada.[2] Vou repetir, o período inteiro de folga REMUNERADA. Fazemos isso por vários motivos. Temos pavor de não abrir os *e-mails* e encontrar uma enxurrada deles quando voltarmos. Temos poucos exemplos na liderança executiva que valorizam o tempo de descanso. Preocupamo-nos pensando que seremos o único motivo de fracasso diante de uma necessidade crítica. No entanto, muitas vezes é apenas o metrônomo da urgência que impossibilita nossas férias. Pelo menos nos empregos norte-americanos, ainda é desconfortável pedir férias de verdade. Drew, o melhor amigo de meu marido, estava trabalhando na área de TI em Toronto e acumulou dois períodos de férias. Ao dizer a seu chefe que queria usar o período de folga remunerado, ouviu o seguinte: "Duas semanas? *Seguidas*?".

[2] Cooper, Madison. Study: A Record 768 Million U.S. Vacation Days Went Unused in '18, Opportunity Cost in the Billions. **U.S. Travel Association**, 11 nov. 2019. Disponível em: https://www.ustravel.org/press/study-record-768-million-us-vacation-days-went-unused-18-opportunity-cost-billions.

Os benefícios profissionais das férias são inegáveis. Em um estudo interno feito em 2006, a Ernst & Young descobriu que, para cada dez horas adicionais de férias que os funcionários tiravam, suas avaliações de desempenho no final do ano aumentavam em 8%.[3] Dois terços dos trabalhadores informam que, após as férias, se sentem mais criativos e produtivos, e aqueles que tiram férias criam laços mais fortes com os colegas e são mais leais à empresa.

Os empregadores inteligentes encontram meios de usar as férias como moeda para demonstrar que se preocupam com suas esquipes e, ao mesmo tempo, estimular resultados profissionais. Talvez nenhum seja tão intencional quanto Bart Lorang, CEO da FullContact.[4] Para ele, foi uma fotografia que mudou tudo. Bart estava vendo as imagens das férias, depois de uma aventura que tivera com sua namorada na época (hoje esposa) quando fizeram um passeio pelas maravilhas da engenhosidade humana — as pirâmides do Egito. Em uma foto, lá estava ele, montado em um camelo, com a cabeça baixa, verificando seus *e-mails*. Foi a gota d'água de que ele necessitava para romper com seu antigo modo de pensar.

Aquela foto provocou uma mudança radical — a adoção de férias totalmente desligadas do trabalho, não apenas para ele, mas também para todos os funcionários de sua empresa de *software* em rápida expansão. Bart queria combater o que ele chama de "síndrome do herói", na qual os funcionários resistem em desistir da luta. Queria que eles tivessem experiências gratificantes de *partida* verdadeira. Por ser um empresário inteligente, ele permitiu que os funcionários acompanhassem o

[3] Schwartz, Tony. More Vacation Is the Secret Sauce. **Harvard Business Review**, 8 set. 2012.

[4] Michelle Warren, da FullContact, entrevistada por representante da autora em 21 abr. 2020. Lorang, Bart. Paid Vacation? Not Cool. You Know What's Cool? Paid, PAID Vacation. **FullContact**, 10 jul. 2012. Disponível em: https://www.fullcontact.com/blog/2012/07/10/paid-paid-vacation-2/.

dinheiro, e as "férias pagas que já eram pagas" nasceram. Bart instituiu um bônus anual impensável de 7.500 dólares para cada funcionário que tirasse uma semana inteira de folga e se desligasse completamente do trabalho. (Se você deixar passar, saiba que se trata de uma verificação cara de *e-mails*.)

Os resultados foram múltiplos. As férias pagas que já eram pagas ajudaram a desenvolver o tipo de camaradagem que os empresários sonham e passou a ser o cartão de visitas para grandes talentos, eliminando praticamente o *burnout* e a rotatividade de funcionários talentosos. Quando o pessoal volta das férias, há uma mudança visível no nível de energia, e eles ficam entusiasmados em explorar novos projetos.

Concordo com Bart. O ponto fundamental das férias é transportar a mente, aos poucos, para longe do trabalho, à medida que cada dia passa. Férias conectadas ao trabalho são como viajar de Nova York a Los Angeles, mas sentindo a necessidade de voltar a cada duas horas para ter certeza de que não necessitam de você em Nova York. Você nunca tem uma verdadeira sensação de partida ou de ter chegado completamente para ouvir o barulho das ondas do mar.

Se você é a única pessoa na praia com um *notebook*, inclinando a aba do boné acima da tela para bloquear a claridade, tente uma técnica chamada dia da reentrada. Escolha um colega para ser um contato de emergência enquanto você estiver fora. Bloqueie todo o seu dia de volta para verificar *e-mails* e para reuniões com sua equipe e seu supervisor. Certifique-se de que o dia inteiro esteja bloqueado, de modo visível e claro, com tarefas de reentrada. Isso lhe dará um período relaxante para voltar a envolver-se no trabalho e recuperar o atraso e, ao mesmo tempo, fortalecerá sua confiança para desligar-se futuramente.

A resposta automática deve cooperar com o espaço em branco. Nada de justificativas ou desculpas — apenas limites grandes e audaciosos. A resposta automática mais corajosa que vi é esta, que circulou da revista *The Atlantic* para a *Inc.*, mas continua a deixar as pessoas maravilhadas com sua fabulosa ousadia. "Estou ausente da empresa e espero ter acesso apenas esporádico aos *e-mails*. *E-mails* recebidos entre [estas datas] serão deletados deste servidor no prazo de oito horas. Por favor, envie sua mensagem novamente após [esta data]."[5] Isto, sim, é que é uma garantia de reentrada pacífica após as férias.

Seu "eu" desconectado ficará nervoso e desconfortável? Com certeza. Você vai cair na tentação de, de vez em quando, abrir os *e-mails*? Talvez. Pode ser que você olhe, se contenha e não responda. Mas, com determinação, você se desligará mais e mais a cada período de férias. E não há maneira melhor de despistar a urgência alucinada que desligar tudo, ficar descalço e mergulhar em um *mai tai*.[6] Será coincidência se você voltar ao trabalho com uma ideia fenomenal para sua equipe? Achamos que não.

E não se esqueça de tirar miniférias todos os dias — entre um trabalho e outro. A urgência alucinada torna mais difícil sentir que o expediente chegou ao fim, mas o desligamento e o retorno é um padrão recorrente que renova nossos recursos. Se você trabalha em casa, e a divisão do mar Vermelho separando o trabalho da vida parece exigir um milagre, estabeleça um tempo para se desligar, e, nesse período, coloque todos os itens relacionados ao trabalho dentro de uma gaveta ou armário fechado para mantê-los longe dos olhos.

Então, para virar a página do trabalho realmente, faça uma promessa a si mesmo. Frente a frente com uma pessoa querida, ou talvez em uma mensagem de texto a um amigo, comunique informalmente que o dia de trabalho chegou ao fim. Levante-se e diga com indiferença: "Chega por hoje" ou

5 Koren, Marina. The Most Honest Out-of-Office Message. **The Atlantic**, 11 jun. 2018. Disponível em: https://www.theatlantic.com/technology/archive/2018/06/out-of-office-message-email/562394/.

6 Coquetel à base de rum, curaçau e suco de frutas. [N. do T.]

"Expediente encerrado". Essa declaração diante de testemunhas lhe dará a pressão saudável de que você necessita para ficar de folga quando está de folga.

Ao chegarmos ao fim da estrada da segunda parte do livro, "O caminho de acesso ao espaço em branco", e nos prepararmos para aplicar suas lições a outras áreas importantes de nosso trabalho, gostaria de resumir para você o ponto crucial de seu cinto de utilidades do super-herói. Em qualquer situação na qual o estresse levante a cabeça e seus recursos pareçam ameaçados, você precisa fazer apenas *uma destas quatro coisas* para recuperar o foco imediatamente:

- Faça uma pausa.
- Procure um ladrão.
- Faça uma pergunta.
- Verifique a urgência.

Esses novos hábitos serão usados isoladamente ou em conjunto, no trabalho e em casa, e o ajudarão a vencer qualquer desafio diante de você.

Siga em frente!

PARE UM MINUTO PARA PENSAR... NA URGÊNCIA ALUCINADA

LEMBRE-SE:

- Grande parte do que você considera urgente não é, de fato, urgente.
- As três categorias de urgência ajudarão você a recalibrar o que é imediato e o que pode esperar:
  - Não sensível ao tempo — quando não há necessidade de resposta imediata.
  - Taticamente sensível ao tempo — quando a ação rápida está amarrada a um resultado comercial.
  - Emocionalmente sensível ao tempo — quando a sensação de urgência se origina de emoção, curiosidade ou estresse.
  - Ao estacionar seus pedidos e suas necessidades não sensíveis ao tempo na Lista Amarela, você agiliza sua comunicação e reduz o número de *e-mails* e mensagens.
- Quando você restringe a urgência, sua presença executiva passa a ser mais forte.
- As férias são fundamentais para o foco e ajudam a criatividade. Não devemos permitir que a falsa urgência roube isso de nós.

PERGUNTE A SI MESMO:

- "De que modo eu poderia diminuir a urgência em minhas áreas de trabalho?"

TERCEIRA PARTE

APLICAÇÃO DOS PRINCÍPIOS

7

A FERRAMENTA QUE SE VOLTOU CONTRA NÓS

DERROTANDO A SOMBRA DO *E-MAIL*

QUANDO ENVIAMOS O *E-MAIL* NO TAMANHO CORRETO, ELE PODE NOS SER ÚTIL DE NOVO.

Pelo fato de Jolene ser chefe de filantropia em uma reserva natural de gorilas, você pensaria que a intuição dela a respeito de animais é forte. Porém, depois que seu buldogue francês, Napoleon, mastigou, pisoteou e destruiu três iPhones, um a cada ocasião, ela percebeu que o cão queria enviar uma mensagem para ela. Seu relacionamento totalmente consumista com o celular e com os *e-mails* que recebia a forçava a verificar as mensagens de todos ao seu redor.

Comportamento compulsivo não era uma expressão estranha para Jolene. Ela participou de um grupo dos Alcoólicos Anônimos durante dezessete anos e estava em recuperação por tempo suficiente para saber que os vícios mudam de forma. Os ex-alcoólatras começam a fumar. Os ex-fumantes começam a comer demais. Jolene, porém, migrou para a dependência dos *e-mails*, um vício muito mais insidioso. Falando ao telefone o dia todo, ou quando respondia aos *e-mails* na velocidade da luz, qualquer negativa vinha amarrada a pensamentos sobre o valor da disponibilidade profissional constante. Viver com os olhos grudados nos *e-mails* era uma derrocada e, ao mesmo tempo, motivo de orgulho.

Um amigo brincalhão disse, certa vez, que abrir *e-mails* é como aquele momento maravilhoso, em um acampamento de verão, em que o supervisor chegava com um saco de correspondências e a criançada pulava de alegria e expectativa, pensando: "Será que tem alguma coisa para mim?". A única diferença é que agora os *e-mails* chegam milhares de vezes por dia.

Se imaginássemos a vida sem *e-mails*, sem nossa tecnologia conectada por via intravenosa, veríamos aquele tempo glorioso e gratuito derramar-se como chuva sobre nós — um tempo tão abundante e livre que teríamos de vasculhar a memória para nos lembrar de como usá-lo. Nossa mente ficaria assustadoramente clara e livre de barulhos. E, ao receber oxigênio, nossos relacionamentos amorosos se aprofundariam instantaneamente.

No entanto, é impossível extinguir o *e-mail*, e nossos esforços para moderá-lo são tão fúteis que permanecemos indefesos e amarrados a ele. Nossa ligação "pegajosa" e compulsiva com as telas não está relacionada à falta de força de vontade. Está relacionada ao *design* — a verdadeira intenção de seus criadores. As telas são projetadas para ser irresistíveis e desgastar o autocontrole.

Por exemplo, Tristan Harris, cofundador e presidente do Centro de Tecnologia Humana e responsável pelo documentário *O dilema das redes*, afirma que a característica de nossos aplicativos do tipo "apertar para atualizar", em que os usuários tocam e recebem uma nova enxurrada de conteúdo, é serem como caça-níqueis, oferecendo uma quantidade igualmente grande de dopamina.[1] Seu sócio, Aza Raskin, diz que tinha uma fraqueza tão grande para verificar o Reddit que teve de criar um *software* para eliminar a compulsão.[2]

Nossa insensatez tem um preço. A simples presença de nosso celular sobre a mesa durante uma reunião ou uma

[1] Bambenek, Cadence. Ex-Googler Slams Designers for Making Apps Addictive like "Slot Machines". **Business Insider**, 25 maio 2016. Disponível em: https://www.businessinsider.com/ex-googler-slams-designers-for-making-apps-addictive-like-slot-machines-2016–5.

[2] Orlowski, Jeff. **The Social Dilemma**, 26 jan. 2020. Exposure Labs, Netflix.

refeição faz a outra pessoa sentir-se menos confiante em relação a nós. Os meros seres humanos sabem que não são capazes de competir. Estudos realizados pela McCombs School of Business mostraram que nossa capacidade cognitiva é significantemente reduzida quando o *smartphone* está por perto — **mesmo que esteja desligado.**[3] Os participantes que deixaram o telefone em outra sala se saíram melhor que os que o colocaram sobre a mesa, e melhor também que os que o deixaram no bolso ou dentro de uma sacola. Da mesma forma que o Superman descobriu a respeito da kryptonita, quanto mais longe, melhor.

Além das tendências compulsivas, nosso impulso de abrir os *e-mails* com frequência é ampliado pela conformidade social (todos fazem isso), pela expectativa (a surpresa desembrulhada do *e-mail* bom e do *e-mail* mau) e pela abstenção (resistência a um trabalho mais profundo, mais difícil e silencioso). Esse é um grande problema. No trabalho complexo somos testados, ficamos vulneráveis e quase sempre sozinhos enquanto o realizamos. É difícil permanecer firme e não perder a coragem. Nossos amigos/inimigos eletrônicos passam a ser nosso último contato do dia e o primeiro quando acordamos.

Portanto, se você é semelhante a muitas pessoas que desenvolveram uma espécie de síndrome de Estocolmo com a caixa de entrada dos *e-mails*, este é o momento de efetuar uma mudança. Não importa o que fizemos para dominar os Ladrões do Tempo e incluir o espaço em branco em nossos dias, os resultados não serão sustentáveis se não recalibrarmos nosso relacionamento com os *e-mails* — um poço de distrações diário e inescapável. Para recuperar o tempo, precisamos dominar duas disciplinas principais dos *e-mails*: abrir menos

[3] The Mere Presence of Your Smartphone Reduces Brain Power, Study Shows. **UT News**, 26 jun. 2017. Disponível em: https://news.utexas.edu/2017/06/26/the-mere-presence-of-your-smartphone-reduces-brain-power/.

e redigir melhor. Essas duas táticas aplicam-se igualmente a todas as mensagens e comunicações por meio de teclado, seja Slack, IM, Teams, Yammer ou quaisquer aplicativos ou plataformas que em breve vão surgir.

Abrir menos exige de nós: a) enviar e receber menos *e-mails* e b) verificar com menos frequência os *e-mails* recebidos. Para complementar o desenvolvimento de novos hábitos, precisamos também aprender a redigir melhor os nossos *e-mails,* a fim de facilitar o trabalho e gastar menos tempo de modo geral. Ao usar as ferramentas do espaço em branco, começamos a redigir e-*mails* no tamanho certo e sem quantidades exageradas de oxigênio para ser usado em favor de nossa organização. E podemos até olhar para cima com mais frequência para ver o rosto de nossos filhos ou o céu da tarde.

O espectro de cores

Cada um de nós habita um lugar diferente no espectro da intensidade emocional com os *e-mails*. Entre os profissionais, a maioria possui o que chamo de conscientização de *e-mails* em tecnicolor. Se esse é o seu caso, o *e-mail* é pintado em seu campo de visão com tons cativantes e saturados. Está em seu rosto, pulando para cima e para baixo e movimentando as mãos. Mas há meios de acalmar esse comprimento de ondas caleidoscópico e deixá-lo com cores um pouco mais suaves ou até, às vezes, em preto e branco. Guy Kawasaki — evangelista de *marketing*, surfista e amigo — descobriu essa opção por uma reviravolta do destino.

Guy foi muito importante nos primeiros dias da Apple e não é nenhum guru criativo. Amo sempre o sorriso suave em seu olhar quando conversamos, como se trouxesse calor humano consigo. Depois de ouvir uma palestra minha sobre *e-mail*, Guy contou-me a história de um amigo íntimo, de pouco mais 50 anos de idade, que morreu de repente durante uma viagem pela Europa. Guy, que tinha a mesma idade do amigo, foi inundado por uma sensação de que nada era realmente importante. Em seu vale de lágrimas, que alterou radicalmente sua perspectiva de vida, ele se viu um dia sentado diante da caixa de entrada de *e-mails* olhando para alguns milhares que ainda não haviam sido lidos.

Como se estivesse se movimentando em câmera lenta, ele levantou a mão e simplesmente apertou a tecla "Deletar tudo". E, então..., nada aconteceu. O céu não desabou. Sua empresa não entrou em colapso. Ninguém ligou gritando com ele. Um ou dois pedidos repetidos chegaram, mas o chão não se abriu para engoli-lo. Responder a todos os *e-mails* não era importante como deveria ser. *Não* estou defendendo essa atitude, mas há uma tendência pequena, porém genuína, na qual os funcionários passaram a declarar a "falência do *e-mail*". Sem orar para conseguir sair rastejando do poço de *e-mails* em que estão, eles apertam a tecla "Deletar tudo" e começam de novo.

Guy assumiu o controle e girou a roda de cores até o fim, passando da tonalidade pastel para preto e branco. (Na verdade, neste caso, era tudo branco.) Essa experiência emocional impulsiva ajudou-o a ver o que era importante naquele dia, e os *e-mails* não eram. Ele rompeu com a convenção e, ao mesmo tempo, quebrou o feitiço colorido dos *e-mails*.

Esse é o mostrador de importância ao longo do espectro do tecnicolor, pastel e preto e branco com o qual quero brincar. Faça uma pausa estratégica e questione as cores em neon dos *e-mails* piscando em sua mente. Quem fez disso o centro de seu mundo? Se você se concentrar em algumas perspectivas, verá que o *e-mail* é uma criança exigente que necessita de um tempo — embora uma pausa estratégica seja suficiente.

Minha configuração de cores de *e-mails* fica entre a tonalidade pastel e a preto e branco. Quando estou no local de trabalho com um cliente centrado em *e-mail* chegando a cada 2 minutos ou quando há grandes projetos em movimento, recorro ao tecnicolor por escolha — escolha sendo a palavra atuante. Por outro lado, quando estou escrevendo ou fazendo um trabalho criativo, minha paleta de *e-mails* fica muito, muito pálida; por escolha. Vendedores, corretores de imóveis e os que trabalham em empresas de serviço vivem em tecnicolor com mais frequência e quase sempre mais corretamente. Aqueles com boas habilidades de priorização são constantemente redutores nas outras áreas de seus compromissos de trabalho a fim de abrir espaço para um foco mais firme no *e-mail.* Contudo, se sua função principal é ser inovador, liderar projetos ou motivar estratégia, a conexão do tecnicolor com o *e-mail* terá um custo alto para você.

Alguns de vocês talvez necessitem animar seu relacionamento com o *e-mail*, principalmente se recebem críticas repetitivas de reagir de modo mais lento que o desejado. Para a maioria, no entanto, o jeito é acrescentar um pouco de tinta branca à mistura e conseguir tonalidades mais claras, o que pode ser um risco capaz de intimidar você. A pergunta no fundo de sua mente talvez seja: "Se eu recuar um pouco e moderar meu foco no *e-mail*, será que vou passar por cima de alguma coisa muito importante?".

Sim. Pode acontecer. Mas é um problema explícito de matemática que peço a você que resolva. O recuo, em seu impacto singular, não tem um custo tão alto quanto o desperdício diário e constante de uma adesão tecnicolor ao *e-mail.* Vale a pena. Contudo, temos tanto medo de deixar cair uma única bola e das ramificações que ela pode provocar (quase sempre mais interpessoais que táticas) que nos amarramos ao *e-mail* perpetuamente.

O aumento da conscientização sobre a intensidade do *e-mail* em nosso mundo e o modo como ele controla nossa atenção é o primeiro passo para usá-lo menos e adquirir controle. Como ocorre em muitas áreas de trabalho, basta apenas incluir ponderação para você se destacar perante todos os outros.

Intervalos para verificação

Assim que nos conscientizamos e começamos a desamarrar os laços emocionais que nos prendem ao *e-mail*, o próximo passo para dar-lhe menos atenção é escolher com que frequência vamos verificá-los. Temos de criar períodos de tempo nos quais deixamos de dar atenção a eles propositadamente e aumentamos os intervalos entre as “clicadas”. Há muitas maneiras flexíveis de personalizar uma intervenção que protege o nosso tempo e, simultaneamente, reconhece a necessidade dos outros. É essencial obter a concordância da equipe e a opinião do chefe sobre os protocolos que você escolher, mas há algumas características conhecidas a serem consideradas:

- Verificar nos primeiros minutos (e/ou dos últimos minutos) de cada hora.
- Passar o período da manhã sem verificar os *e-mails* ou apenas uma pequena parte da manhã antes do café.
- Usar o modo avião ou o *software* de bloqueio de internet para criar períodos improvisados de abstenção.
- Tentar a dieta de *e-mail* para “emagrecer” a caixa de entrada, seguindo as regras de três refeições e um lanche, alinhando sua fome por *e-mails* com os horários nos quais deve se alimentar (digamos 9, 12, 15 e 18 horas).

Para reduzir o número de *e-mails* que chegam durante os intervalos, você pode criar regras que coloquem em uma pasta aqueles dos quais você recebeu cópia ou é apenas informado do assunto para verificá-los apenas uma vez por dia.

É necessário um esclarecimento para favorecer seu sucesso — a diferença crucial entre “verificar” e “processar”. Verificar é a ação de receber e abrir novos *e-mails*. Processar é realizar o trabalho propriamente dito de classificar os *e-mails* já visualizados que estão na caixa de entrada, tomar providências a respeito deles ou excluí-los. Você perceberá rapidamente que o processamento é a meia-irmã mais feia do baile. Verificar é uma emoção fascinante, cheia de possibilidades e uma corrida estonteante em busca da novidade. Até os *e-mails* estressantes são, no final, estimulantes. Por outro lado, processar é como cortar a grama sob um calor de mais de 30 °C — para cima e para baixo. É um trabalho exaustivo e implacável, menos revigorante em todos os sentidos do que sua charmosa concorrente.

Eliminar a dica visual de ver em negrito os *e-mails* que chegaram reduz a tentação de verificar quando você deveria estar processando. Tente trabalhar começando na parte inferior da caixa de entrada, nos itens que você abriu, mas não concluiu. Isso evitará que você veja as novas mensagens até a próxima verificação programada. Mesmo que as tenha notado, se você treinar para "ver mas não abrir ainda", vai readquirir o controle. Se notar que um assunto é importante, que vem de seu chefe ou provoca uma descarga de adrenalina em você quando o vê, vá em frente e abra o *e-mail*. Diga sempre a si mesmo, o tempo todo, que esperar é melhor sempre que possível. Logo chegará a hora da próxima verificação e, finalmente, você poderá coçar essa comichão.

A sombra do *e-mail*

As estratégias para reduzir o número de vezes que você verifica os *e-mails* mudarão dia após dia e semana após semana. Elas serão quebradas, abandonadas, recuperadas e, às vezes, aceitas perfeitamente enquanto você trabalha na vida real. Mas, se está pensando em abandonar essa forma programada de verificação, você deve estar ciente de uma consequência singular — a sombra do *e-mail*.

Para entender esse fenômeno, pense na última vez em que você verificou os *e-mails* inocentemente no meio de um período de férias, de um fim de semana ou de um projeto criativo e descobriu algo impactante. É possível que você tenha sentido uma nuvem escura de distração corroendo sua habilidade de permanecer presente. Provavelmente ela se acomodou acima de sua cabeça e encobriu a luz do sol durante horas. Essa é a sombra do *e-mail.* Uma vez convidada, não sairá do lugar.

Certa vez, convidei uma sombra de *e-mail* na ala de atendimento odontológico da Target. Meu marido, que publicou um livro de fotografias de suas viagens a Cuba, tem muitos amigos lá e tentamos visitá-los uma vez por ano. Nessas visitas, chegávamos como se fosse um Natal fora de época, carregados de presentes, porque é difícil comprar algumas coisas naquele país. Em nossa última visita, levamos mais de 60 quilos de suprimentos básicos, inclusive panos de prato, uma pistola de cola quente (para consertar o forro do teto de um carro russo fabricado 39 anos antes), esmalte de unha, vitamina B, armações de óculos, páprica, fita adesiva, travesseiros e, claro, Nutella (sem o que ninguém *pode* viver, mas isso é viver *de verdade*?).

Em uma das viagens, planejamos visitar um orfanato que já conhecíamos — um lugar onde havia amor e dedicação, com poucas necessidades básicas. Enquanto percorria as alas da Target, fiz uma das coisas mais agradáveis da vida — brincar de Papai Noel. As 30 crianças que ali moravam necessitavam de sabonete, meias limpas e pente. Com alegria, todas as 30 crianças correram em direção ao meu carrinho. O que mais? Sabão em pó para roupas, curativos adesivos, cadernos e lápis. Chegando. Chegando. Chegando. E, claro, tubos de dentifrício e escovas dentais novas para cada uma delas. Era puro prazer. Eu estava feliz demais.

E então, fora do horário programado para verificar os *e-mails*, como se fosse o Grinch carrancudo descendo a colina em direção a Whoville, um rápido pensamento me passou pela cabeça. "Ei, vamos embora amanhã e não tenho notícias do acordo quase confirmado daquele grande (e lucrativo) cliente da área de saúde." Deixei o creme dental de lado e peguei o celular. Lá estava ele, o *e-mail* que eu aguardava. Era uma mensagem curta dizendo que a parceria havia sido adiada por um ano em razão de outras prioridades.

Bem-vindo à sombra do *e-mail*. Senti o corpo formigar. Meu rosto enrubesceu. Tirei meu chapéu imaginário de feltro vermelho e mergulhei de ponta cabeça na decepção. Desnecessário dizer que, apesar de minhas melhores tentativas de voltar ao presente, o resto da entrega das compras foi mecânico e sem o contentamento que eu sentira momentos antes. Os doces pensamentos que dançavam em minha cabeça foram rapidamente substituídos por tristes planilhas com números vermelhos.

Isso acontece com todos nós, e há somente uma maneira de sair da situação. Todas as vezes que você estiver prestes a ler os *e-mails* entre uma verificação e outra, inclua sua fatia e *veja a sombra chegando*. Faça conscientemente uma pausa estratégica e pergunte a si mesmo se vale a pena sequestrar as próximas horas só para matar a curiosidade. Outra forma de dizer isto é que seu intelecto — o arquiteto de sua programação para verificar *e-mails* — é o guia sóbrio que deseja proteger você. É criterioso e tem previsão. O impulso é o cara embriagado que quer levá-lo a Las Vegas para jogar nas máquinas caça-níqueis. Não entre no carro dele.

As perguntas simplificadoras para o *e-mail*

A outra ferramenta poderosa para "verificar menos" você já conhece — as perguntas simplificadoras. Quando aplicadas ao *e-mail*, fazemos uma pausa e perguntamos:

- *"Há alguma coisa da qual eu possa abrir mão?"* – vai ajudá-lo a ver a atividade dos *e-mails* que você imagina ser obrigatória, mas, na realidade, é opcional.

- *"Onde 'bom o suficiente' é bom o suficiente?"* – vai ajudá-lo a entender onde a cautela em torno do perfeccionismo e do exagero pode reduzir o tempo investido em cada mensagem.
- *"O que eu preciso saber realmente?"* – vai permitir que você desative um grande número de mensagens (e deixe as outras de fora) nas quais as informações estão sendo compartilhadas em excesso, compartilhadas em duplicação ou compartilhadas por motivos errados.
- *"O que merece minha atenção?"* – perguntado dentro de sua caixa de entrada, quase sempre leva você a deixar os *e-mails* de lado e voltar às tarefas importantes.

Um cliente me disse, certa vez: "Receber cópia de um *e-mail* enviado a outra pessoa é como a máfia. Uma vez dentro, você não sai nunca mais". É por isso que o espaço CC é o território principal para restringir as cópias e fornecer o espaço em branco aos outros. O principal motivador de enviar cópias de *e-mails* é a inclusão — um objetivo nobre. Mas a inclusão e a eficiência são muitas vezes binárias. As pessoas amáveis gostam de incluir todos em tudo, mas as mensagens via *e-mail* são ótimos lugares para combater essa tendência. Se usarmos a lente da redução, o espaço CC ficará repleto de *krills*.

Para avaliar a abrangência da inclusão de cópias, considere que todo *e-mail* deve ser um pedido para agir, não um pedido para observar. Tente não adicionar pessoas que simplesmente vão observar a mensagem, como assistir a uma cirurgia do alto, atrás de uma parede de vidro. Quando estiver prestes a enviar muitas cópias, faça uma pausa estratégica e espere. Pergunte a si mesmo: Quem deve agir neste caso? Quase sempre você vai deletar qualquer pessoa que não tenha de agir em relação ao assunto. Se estiver do outro lado e for sempre incluído na lista de cópias, peça a quem enviou os *e-mails*: "Por favor, não me inclua neste assunto" repetidas vezes e com delicadeza até que a mensagem seja recebida.

E lembre-se: mudar não é reduzir. Se você se comprometeu a tomar menos Coca-Cola, mas toma a mesma quantidade de Pepsi, está se desviando do objetivo verdadeiro: "Tomar menos refrigerante". Da mesma forma, os líderes que querem ajudar as equipes a reduzirem *e-mails* costumam substituí-los por outra plataforma e erram o alvo verdadeiro não declarado: "Enviem menos comunicações desnecessárias". Trocar o modo de enviar mensagens pode desviar a atenção da verdadeira redução.

Esse tipo de falsa redução aconteceu com Ram, CEO de uma empresa de energia de médio porte e inconformista verdadeiro. Ele impôs a seus gerentes de primeiro escalão um limite de 30 *e-mails* internos por semana. O limite durou duas semanas e então, como uma cerca elétrica desligada sem o conhecimento do rebanho, o limite foi aumentado sem que a equipe soubesse. A ideia deu certo e a redução de *e-mails* continuou. Até seis meses depois, quando Ram informou que agora a equipe tinha 400-800 *chats* por pessoa, por dia. A comunicação total não foi reduzida; acabara de passar por uma reforma digital.

Lições básicas para redigir *e-mails*

A seguir, vamos enfrentar a tarefa de redigir *e-mails* de forma mais eficiente. Por quê? Porque os *e-mails* mais fáceis de serem lidos economizam tempo. E usar a inteligência e a redução de palavras nos *e-mails* proporciona muito espaço a quem os envia e a quem os recebe, e melhora o andamento do trabalho. Vamos imaginar como seria receber o *e-mail* de nossos sonhos e criar um modelo. O *e-mail* precisa ter fluência lógica, conter palavras escolhidas com habilidade e conduzir-nos a visualizar a ação desejada. Seria uma mistura de *clareza*, *concisão* e *impacto*.

- CLAREZA: O texto total do *e-mail* deve ser fácil para o leitor acompanhar e entender, sem esforço, o objetivo, desde o assunto mencionado até a assinatura.
- CONCISÃO: O *e-mail* deve conter o mínimo de palavras necessárias para informar o que é importante.
- IMPACTO: A mensagem deve conter indicações visuais destacando solicitações bem definidas e próximos passos.

Vamos analisar cada tópico em profundidade.

Clareza

Para nos expressar do modo mais simples e claro, temos de pegar uma fatia de espaço em branco e pensar antes de digitar. Bastam apenas alguns segundos para considerar: "Qual é o ponto crucial desta comunicação?". Trabalhe no modo rascunho (sem digitar o nome do destinatário até concluir o texto), desafiando-se a ser direto e claro. Se você está frustrado porque os destinatários não respondem ou não tomam medidas apropriadas depois de receberem seus *e-mails*, talvez eles estejam perdidos no labirinto de seu modo de escrever. Diga ao destinatário em termos incrivelmente explícitos: "É isto que quero que você faça a seguir". Não o force a adivinhar ou ler seus pensamentos. Siga estas orientações do começo ao fim:

- ASSUNTO: Seja um samurai nessa questão. Certifique-se de que o assunto seja claro e corresponda ao tópico atual. Acrescente indicadores de tempo (urgência), como "Entregar no fim do expediente" ou "Posso esperar até segunda-feira", para eliminar a hipótese de resposta em tempo real. Isso ajudará seus colegas a encontrarem o caminho para sair dos meandros da urgência alucinada. Combine suas dicas de urgência com as siglas tradicionais do *e-mail*, como EOM (End of Message/Fim da mensagem), para ser usado no espaço do assunto, onde não há nenhum texto abaixo. Ou TL;DR (Too Long Didn't Read/Longo demais; não li), embora este último pareça grosseiro e reservado apenas a amigos íntimos e grupos de pessoas "casca grossa".

- Mensagem: Elabore o corpo do *e-mail* como um biquíni — você quer que ele seja breve, mas coberto com o assunto principal. Pergunte enquanto digita:
  - Estou sendo claro?
  - Faltam informações?
  - Estou sendo repetitivo?
  - O texto parece frio ou apenas útil?
- Encerramento: Ao concluir o texto, solicite uma ação ou uma providência, dizendo explicitamente ao destinatário do que você necessita, sem repetir o que ele já leu. Não confunda o destinatário com jargões. Muitos especialistas acostumam-se tanto às suas gírias e acrônimos que não entendem como seus textos são complicados para o leitor. Da mesma forma, tome cuidado ao usar linguagem para impressionar, pois isso pode criar o efeito oposto ao desejado. Precisão, novidade e integridade são diretrizes que lhe serão úteis. E tome cuidado para não exagerar nas palavras, porque você poderá ser considerado um troglodita, tolo ou tagarela. Por último, use a saudação final do e-mail para definir o tom emocional do relacionamento que você espera ter com o destinatário. Se você pensa que escolher entre Att., Seu melhor amigo, Sempre seu ou Abraços carinhosos é uma decisão inconsequente, pense mais uma vez.
- Concisão: Tenho muito a dizer sobre concisão. Neste mundo no qual a atenção é coisa rara, a concisão radical

ganha muitos pontos. Os líderes de alto escalão usam esse recurso porque são egoístas, no bom sentido, com seu tempo. Tenho certeza de que você notou que os *e-mails* dos executivos seniores são sempre surpreendentemente sucintos. Cinco a nove palavras. Menos palavras = menos trabalho = mais tempo para reflexão. Sei o que você está pensando. Os líderes seniores podem ser concisos e até descuidados porque não têm de provar o tempo todo que são eficientes como fazem as pessoas que estão subindo a escada da carreira profissional. Eu entendo. Cuide-se. Sempre pense no modo como seu *e-mail* será recebido por alguém que você necessita impressionar. (P.S.: Nada impressiona mais que ser conciso.) Outra lição sobre concisão é uma dica que aprendi com um colunista de jornal. Ele havia recebido a tarefa de redigir um artigo de 700 palavras, mas na última hora descobriu que o jornal tinha espaço para apenas 400. Algumas partes ele conseguiu eliminar inteiramente (edição do tipo atum), mas olhou também para cada palavra (edição do tipo *krill*), perguntando a si mesmo: "Ela é necessária para o artigo?". Na linguagem do espaço em branco podemos traduzir essa técnica como "O que o leitor necessita saber realmente?". Editar um e-mail longo contando o número de palavras antes e depois é um exercício maravilhoso para dominar a concisão. Você vai aprender a cortar sutilezas, prefácios e repetições e eliminar palavras como e, então, mas. E vai parecer mais autoritário e direto. É uma tarefa longa, portanto realize-a somente de vez em quando, para exercitar o músculo da concisão, não como rotina diária. Vou acrescentar que, quando queremos reduzir os minutos gastos em *e-mails*, há lugar para a escrita informal (embora isso provoque comichões em meu ladrão da excelência). Peter Winick ensinou-me essa lição.

Ele é um consultor perspicaz cujos *e-mails* internos, nos primeiros dias de nossa parceria, me fizeram perder a cabeça. Suas mensagens continham, em geral, no máximo oito palavras, no mínimo dois erros de grafia e nenhuma letra maiúscula ou pontuação. Mas seus *e-mails* aos nossos clientes eram apropriadamente educados. Descobri que ele era informal por escolha. Dentro de nosso relacionamento interno, em que não havia ninguém para impressionar, essa informalidade economizava tempo, esforço e energia — um trio de produtividade. Aos poucos, eu me vi aceitando essa permissão de afrouxamento nos lugares certos e seguros, o que me fez economizar muito tempo.

- IMPACTO: Desculpe-me por dar-lhe esta notícia, mas em nosso mundo superagitado as pessoas não leem. Elas passam por cima, principalmente dos *e-mails*. Para chamar a atenção dessa gente, você precisa incluir sinais visuais de "pare", como palavras destacadas, em negrito ou sublinhadas. Diga aos olhos do leitor quando parar e quando prosseguir, e a mente dele acompanhará. O impacto é um "mapeamento" ponderado do caminho do *e-mail*, deixando pouca coisa que exija energia mental extra. É o último ingrediente para a obra-prima do *e-mail* atencioso e lógico.

E-mails com uma palavra

Há um aspecto final do *e-mail* ao qual precisamos aplicar a pausa estratégica. Ele ocorre pouco antes de enviarmos o *e-mail* com uma só palavra, aparentemente inocente, mas pernicioso com certeza. Esses espasmos nervosos da linguagem eletrônica quase sempre não têm nenhum propósito — desde que você e o destinatário confiem um no outro. Muitas equipes não confiam. O trabalho exaustivo produziu indiferença, e a indiferença quebrou a confiança. Um sistema de confirmações inúteis e de dupla checagem originou-se dessa importante instabilidade. Por falta de confiança, enviamos inúmeras mensagens com uma só palavra para tranquilizar quem enviou o *e-mail* e provar que estamos atentos. "Feito." "Recebido." "Anotado." "Positivo." "Entendido." "OK." Trocamos os meios de comunicação. Telefonamos e enviamos mensagens de texto para confirmar se eles "receberam" nosso *e-mail*, usando o verbo "receber" como eufemismo para "prestar atenção".

Se trabalhássemos em um ambiente de "responsabilidade assumida", não necessitaríamos de nada disso. Nossas caixas de entrada não ficariam tão cheias se fizéssemos um pacto explícito com nossa comunidade de *e-mails* para confirmar que cada *e-mail* foi enviado, lido e recebeu total atenção do destinatário. Vamos pensar em um gesto mais amplo de confiança. Digamos que houve uma rara ocasião em que alguém "deu uma mancada". Certamente descobriríamos isso mais cedo ou mais tarde, e veríamos que o preço pago foi muito menor do que receávamos. Se conseguíssemos dar esse salto, recuperaríamos centenas de horas anuais em leituras e exclusões desnecessárias. (No entanto, muitos chefes apreciam e esperam esse tipo de confirmação, portanto obtenha permissão antes de alterar seu comportamento.)

O *e-mail* com uma só palavra mais difícil de eliminar é "Obrigado". Para entender por que ele é geralmente desnecessário, precisamos representar a cena inteira. Às 11h24 de uma agradável manhã de outono, você recebe um *e-mail* de Bob, que foi enviado às 9h15 daquele dia. Bob fez um favor para você. Às 11h25 você responde simplesmente: "Obrigado". Bob, porém, não vê o *e-mail* imediatamente. Ele gosta de estipular horários para verificar os *e-mails* e só os lê depois do almoço. Às 12h42 Bob abre o *e-mail* que diz simplesmente: "Obrigado". Por estar vivendo na Era da Sobrecarga, Bob não tem a menor ideia do motivo desse agradecimento. Esqueceu-se do favor que lhe fez no instante em que clicou em Enviar e realizou mais de 20 tarefas desde então. (A maioria delas também agradáveis. Bob é natural de Minneapolis.)

Agora ele vai gastar tempo para procurar o *e-mail* que enviou, ter aquele momento totalmente inútil de "Ah, agora sim" e, em seguida, apagar sua gratidão tardiamente. Bob ficou feliz com seu agradecimento? Duvido, porque não foi uma *conversa em tempo real*. Foi apenas uma tarefa a mais para Bob. A quem esse agradecimento assíncrono serviu realmente? Só a você, por ter mostrado que é cortês. "Não, não!", você poderia gritar, autoajuda disfarçada de benevolência? Sinto muito, mas, se analisarmos realmente o fluxo de comunicação, a resposta é "sim".

Relacionamentos são importantes. Gentileza é importante. Para os *e-mails* enviados a clientes ou fornecedores, use o "Obrigado" quando achar conveniente. Mas, dentro da equipe, conversem sobre quando o *e-mail* pode ser opcional. Talvez você decida enviar um *e-mail* mensal abrangente dizendo: "Agradeço imensamente a vocês, colegas espetaculares, pelo esforço e cada minuto de dedicada energia"; depois, decida que o *e-mail* de uma só palavra pode ser eliminado. Melhor ainda, estipule uma regra para que o agradecimento ocorra apenas em situações sem *e-mails*, nas quais vocês poderão ouvir as vozes uns dos outros e olhar nos olhos uns dos outros.

Verifique o porta-malas

Para sermos racionais a respeito dos *e-mails*, temos também de nos dar permissão para subir até chegar a um ponto bem mais alto e olhar de cima o quadro maior. Maurice era realmente bom nisso. Conheci-o em um projeto de consultoria e, quando conversamos sobre o andamento de seu trabalho, fiquei abismada com o modo controlado dele ao se referir aos *e-mails* e como usá-los. Seu ambiente natural para *e-mails* era tom pastel, mesmo ocupando a posição de gerente intermediário em uma grande empresa automotiva.

Quando lhe perguntei como chegou até aquele ponto, ele me contou a seguinte história. Logo que ingressou na empresa, ele juntava os envelopes de comunicação interna todas as quartas e sextas-feiras (aqueles envelopes pardos que são fechados com um fio fino de barbante em torno de um pequeno disco de papelão). Os pacotes de envelopes continham comunicações internas e fotocópias de informações que, segundo a empresa, deveriam ser lidas. No entanto, o principal objetivo de Maurice era vender carros. Ele começou a ler tudo o que havia nos pacotes e a passar menos tempo na área de vendas. A leitura do pacote das quartas-feiras só era completada no fim da semana, e a do pacote das sextas-feiras tinha de esperar até segunda-feira de manhã. Para frustração de Maurice, grande parte do que ele lia era repetido nas reuniões ao vivo.

Ele decidiu, então, procurar um dos melhores empreendedores, Dimitri, um homem famoso por sua gargalhada e com excelente instinto de venda. Maurice chamou-o e perguntou: — O que você faz exatamente com estes envelopes? Estou me afogando neles. — Dimitri continuou com o semblante impassível e disse: — Acompanhe-me — e ambos se dirigiram ao estacionamento da empresa. Quando chegaram ao carro de Dimitri, ele abriu o porta-malas, que continha exatamente três coisas: cabos de ligação para bateria, um macaco e uma caixa gigantesca de envelopes pardos que não haviam sido abertos. Com um largo sorriso, Dimitri disse: — Pego o envelope, escrevo a data nele e jogo-o no porta-malas. Se ninguém me perguntar sobre o assunto, jogo-o fora depois de seis meses. E ninguém nunca perguntou nada!

Maurice contou-me que a constatação da realidade daquele momento acompanhou-o durante toda a sua carreira e agora ele aplica o mesmo ceticismo saudável quanto à importância de cada *e-mail*.

Esta história pode ser considerada irreverente em relação à sábia comunicação da nave-mãe corporativa. Não é minha intenção e nunca compartilhei a história sem uma ou duas palavras de cautela sobre as possíveis joias perdidas, enterradas naqueles envelopes — e na caixa de entrada de *e-mails*. Mas também visitei pouquíssimas empresas que não compartilhavam mais detalhes que o necessário.

Todos nós somos igualmente vulneráveis à atração do *e-mail*. Faltam a muitos de nós as ferramentas para dominá-lo. Temos o costume de enviar *e-mails* que sobrecarregam os outros e não somos exemplos para a equipe daquilo que gostaríamos de receber. Mas isso exige apenas um pouco de esforço para promover uma mudança. Sentados diante de nossos *e-mails*, podemos nos ajudar e ajudar aos outros se fizermos uma pausa estratégica e, em seguida, escrevermos com intenção e cuidado.

PARE UM MINUTO PARA PENSAR... NA FERRAMENTA QUE SE VOLTOU CONTRA NÓS

LEMBRE-SE:

- O *e-mail* é um vício para muitas pessoas e nos seduz para estarmos em contato constante com ele.
- Para livrar-se da natureza consumidora do *e-mail*, você tem de aprender a abri-lo menos vezes e a redigi-lo melhor.
- O espectro de cores do *e-mail* (do tecnicolor ao tom pastel e ao branco e preto) é uma composição emocional que você pode aprender a aumentar ou diminuir à sua escolha.
- A sombra do *e-mail* pode dominá-lo quando você acessa sua caixa de entrada entre uma verificação e outra.
- *E-mails* criteriosos e eficientes são escritos pelas lentes da clareza, da concisão e do impacto.

PERGUNTE A SI MESMO:

- "Se eu vivesse sem *e-mails* por uma semana, o que faria o dia inteiro?"

8

COMO AS MELHORES EQUIPES CONVERSAM

APRIMORANDO A COMUNICAÇÃO

AS PALAVRAS CERTAS, ESCOLHIDAS COM PROPÓSITO, PODEM NOS APROXIMAR MUITO MAIS.

Sophia credita sua função de líder a uma palavra. *Não.* Mas demorou um pouco para ela dizer "não", porque tinha o reflexo automático de dizer "sim" na época em que era jovem e chefiava o departamento de uma empresa de serviços financeiros. "Tendo ou não condições de realizar o trabalho, eu sempre dizia: 'Sim, claro. Sim'." À certa altura, Sophia estava cuidando de reservas de viagem para uma equipe externa de vendas com 100 pessoas, uma tarefa completamente além dos limites de sua função. Mas, quando a necessidade surgia, ela pensava: *Quero ser útil e vou ajudar.* Embora as tarefas ocupassem grande parte de seu tempo, e mesmo sabendo que algo tinha de mudar, Sophia não conseguia dizer "não".

Para auxiliá-la, convocou o que chamo de "No-Buddy", um parceiro de apoio para tomar decisões, com a finalidade de ajudá-la a promover uma mudança. O parceiro ajudou-a a descobrir o que ela queria e a expressar isso verbalmente. Quando estava pronta, Sophia fez uma pausa estratégica, reuniu forças para tomar a decisão e disse "não" (educadamente) ao pedido de organizar um roteiro de viagem, mas se comprometeu a treinar a equipe para realizar a tarefa.

Foi uma grande vitória conquistada por ela, mas o impacto se tornou gigantesco quando, em razão da experiência, Sophia estabeleceu uma nova meta para ela — ocupar 20% de seu tempo em trabalho administrativo e 80% em estratégia. Pensou no assunto em silêncio, compartilhou-o com a liderança da empresa e discutiu as peculiaridades do plano com outras pessoas. Essa meta clara, desenvolvida por meio de diálogo, liberou mais tempo para ela e abriu-lhe portas para lidar com iniciativas importantes, principalmente com uma extremamente visível. Quando conseguiu acertar em cheio (ajudada pelo catalisador criativo da prática rotineira do espaço em branco), nossa heroína recebeu a primeira promoção ao cargo de gerente. E sua carreira continua em ascensão.

"Não" é uma palavra poderosa e possui muitas equivalentes de capacidade semelhante: "Eu quero", "Eu necessito", "Eu prefiro" e outras. A linguagem é o ponto de partida para nossas metas pessoais se transformarem em realidade e nossas questões interpessoais serem resolvidas ou pioradas. Falar com os outros com habilidade e intrepidez resolve muita coisa. É por isso que nossa jornada para unificar as equipes e tornar o trabalho mais eficiente deve incluir a aplicação da pausa estratégica em nossas comunicações. Se você não faz uma pausa para planejar suas mensagens, não pensa nas necessidades do outro nem reúne coragem para dizer "não", nunca vai aprimorar sua eficiência. Trata-se de um círculo maravilhoso de benefício. Com as pausas estratégicas nos comunicamos melhor, o que facilita o trabalho e promove mais tempo para fazer pausas.

A linguagem compartilhada, que vamos conhecer neste capítulo, é poderosa também. Quando os grupos se reúnem em torno de um número pequeno de expressões comuns, cada pessoa se liberta para trabalhar mais rápido e melhor, economizando energia e encorajando a clareza. Com a repetição (e com o reforço da equipe, assim esperamos), se você se expressar na forma de um espaço em branco, a linguagem se tornará mais fácil e natural e ajudará você a sair do labirinto da comunicação desordenada.

2D *versus* 3D

A ótima comunicação resulta de pensar antes de falar. É a regra mais simples de aprender. A pausa estratégica nos permite controlar nossos impulsos antes de dizer a palavra errada, sem pensar. Se somos os ouvintes, a ponderação ajuda-nos a confrontar a percepção do que ouvimos com a intenção do que se queria dizer.

A pausa estratégica também nos permite selecionar com propósito o meio correto de comunicação para cada mensagem que compartilhamos. A maioria dos profissionais tende maciçamente a escolher o *e-mail* ou outra mídia digital como meio de comunicação, mas algumas conversas não se encaixam na estrutura digital — são repletas demais de emoção, criatividade ou complexidade. Por outro lado, certas informações adaptam-se bem ao formato compacto e operacional da comunicação digitada.

Uma estrutura simples, porém poderosa, pode aperfeiçoar grandemente o modo como você se envolve com sua equipe, seus colegas e clientes — comunicação 2D *versus* 3D. Cada mensagem que trocamos pode ser mais eficiente se escolhermos o meio correto de comunicação. Cada pedido, solicitação de *feedback* ou compartilhamento terá uma preferência, se você prestar atenção.

O conteúdo 2D é geralmente simples, sim/não, ou movido a fatos. Os modos 2D de comunicação podem incluir mensagens de texto, *e-mails*, impressões, *chats on-line*, e assim por diante. Relatórios e *decks* de apresentação também são 2D. Por outro lado, o conteúdo 3D possui gradações, emoção ou oportunidade para o pensamento criativo. Na comunicação 3D trocamos indicações importantes por meio do tom de voz, do ritmo e dos gestos. Discutimos ideias, fazemos perguntas complexas e nos conectamos interpessoalmente. Os modos 3D de comunicação exigem um elemento vivo — ligação telefônica, reunião, conversa por vídeo ou conversa frente a frente. Os memorandos de voz compartilhados e as trocas de vídeos gravados podem, às vezes, confundir esses caminhos de acesso, mas a distinção entre 2D e 3D deve ser o seu guia na maior parte do tempo.

Usando essa estrutura bem definida, você logo entenderá por que tentar obter consenso para uma decisão importante por meio de mensagens de *e-mail* atabalhoadas provavelmente deveria ter sido por meio de uma conversa 3D. Quando você está participando de uma reunião, brincando de forca em seu bloquinho de papel e pensando desesperadamente: *Por que estou aqui?*, talvez seja porque a agenda está repleta de relatórios 2D.

Comunicação 2D *versus* Comunicação 3D

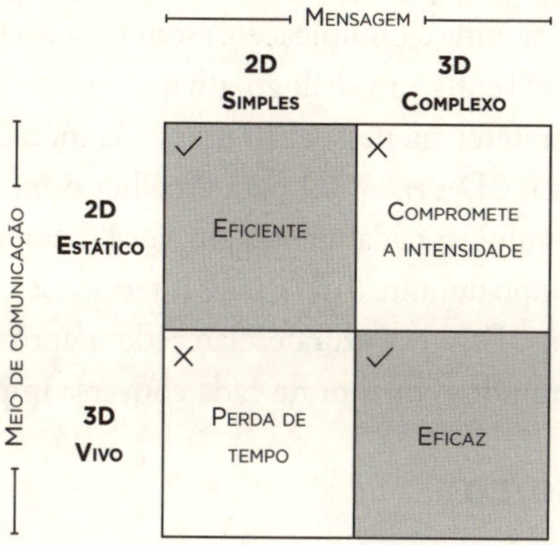

Muitos optam pelos métodos 2D porque nos dão controle. Não podemos ficar confusos diante da pergunta inesperada de um jogo amistoso com risco comercial ("Onde estão os três lugares em que ultrapassei o orçamento neste trimestre?"). No método 2D podemos editar nossos pensamentos antes de compartilhá-los e usar a futilidade do meio de comunicação, evitando perguntar uns aos outros: "Como está a vida?" Quando, porém, nosso método de comunicação e o conteúdo estão desalinhados, sacrificamos a eficiência. Se você compartilhar o conteúdo 3D em um meio de comunicação 2D, comprometerá a intensidade. Se compartilhar o conteúdo 2D em um meio de comunicação 3D, perderá tempo. Seu objetivo é combinar a mensagem com o meio de comunicação.

Antes, portanto, de iniciar qualquer conversa, faça uma pausa estratégica e pergunte a si mesmo: "O que estou tentando comunicar?". Necessito de aprovação para a agenda da próxima semana? Parece ser 2D. Quero discutir ideias com critério, fazer perguntas complexas ou ser criativo? É 3D. Ajuste levemente sua aplicação de 2D *versus* 3D, levando em consideração o modo como cada pessoa assimila as informações. Algumas são mais verbais e inclinam-se mais à comunicação 3D (não é necessário tempo para digerir). Outras necessitam de tempo para processar uma comunicação escrita e visualizada antes de responder. Tenha um diálogo ativo com seus colegas para incluir sua preferência pessoal ao usar cada método.

Ao usar o 2D *versus* 3D para escolher o meio mais adequado de comunicar cada mensagem, você será recompensado com mais tempo durante o dia e mais intensidade em cada troca de mensagens. Essa estrutura esclarecedora aproxima mais as equipes, extraindo o melhor de cada conversa importante.

A Regra 50/50

Escolher o meio mais adequado de comunicação para se expressar é apenas parte da equação. Sua mensagem necessita também revelar sinceramente o que se passa em sua mente. Em outras palavras, seja sempre Teddy. Primeiro vamos conhecer Greg, irmão de Teddy, um garoto comum da década de 1980. Ele queria um Erector Set,[1] um microscópio e um

[1] Brinquedo infantil, vendido nos Estados Unidos, que possui muitas peças pequenas que podem ser montadas para construir carros, pontes e máquinas. [N. do T.]

animal de estimação — em seu caso, uma cacatua de crista amarela. Por que uma cacatua? Porque o detetive Baretta[2] possuía uma cacatua. Quando criança, Greg tinha a superstição de que qualquer coisa na qual você pensasse 100 vezes se concretizaria. No entanto, apesar de Greg ter pensado muitas vezes em "ave, ave, ave, ave, ave, ave" — nada de cacatua. Seu irmão mais novo, Teddy, usava outra tática. Pedia o que queria em voz alta e repetidas vezes, como fazem as crianças de 3 anos. Depois de algumas repetições maçantes de "doce, doce, doce, doce, doce", ele ganhava o que queria. O fato de querer não transformou o pedido em realidade. Enviar uma mensagem mental também não. Apenas o pedido expresso verbalmente girou a chave mágica.

Essa é a premissa da Regra 50/50, que diz que: "Qualquer coisa que o aborreça no trabalho é 50% de sua responsabilidade até você pedir o que deseja". Expressar verbalmente nossas necessidades é assustador e nos torna vulneráveis — e é isso o que os profissionais precisam aprender a fazer. Aceitar a inegável Regra 50/50 silencia a maioria das reclamações que você faz ou ouve.

É incrível o número de necessidades e desejos engolidos que as pessoas carregam em um dia comum. No mundo invertido de muitas empresas, as razões baseadas no medo de manter a boca fechada podem estar baseadas na verdade. Mas optar pelo silêncio — e por seus companheiros sempre presentes, a reclamação e o resmungo — pode ter um custo alto para você em termos de energia mental e tempo valioso. Digamos que você é constantemente interrompido pelo pessoal impulsivo da equipe, atrapalhando sua concentração e exigindo que você se esforce muito para recuperar o foco de sua atenção. Você deseja, no íntimo, que essas interrupções parem? Está fervendo de frustração em silêncio e olhando de cara feia para todos

[2] Personagem de uma série exibida na televisão de 1975 a 1978. [N. do T.]

porque eles não entendem sua situação? É melhor pôr essas palavras para fora, porque sua cacatua não vai chegar.

O caminho para expor essas necessidades não pronunciadas começa quando fazemos um inventário rápido de cinco ou dez coisas, grandes ou pequenas, que mais nos irritam em relação ao nosso trabalho ou às pessoas com as quais convivemos, tais como:

- Você acha que o processo de sua folha de pagamento é desnecessariamente pesado.
- Há muitas teleconferências e reuniões virtuais para resolver assuntos insignificantes.
- Há um executivo que fala com você de forma humilhante.
- Você não está tendo a chance de se desafiar a criar projetos.
- Gostaria que seus colegas assumissem a responsabilidade quando cometem um erro.
- Sente-se sobrecarregado e deseja que seu assistente tenha mais iniciativa.

Agora, pegue sua lista de problemas e risque as reclamações que não podem (não podem mesmo) ser mudadas por você, como limites de salário, tecnologia, sistemas impossíveis de serem atualizados no momento ou quaisquer pedidos que incomodariam a pessoa que preenche seu cheque de maneira errada. Depois pegue as sobras — coisas que sua voz poderia influenciar — e decida o que vale a pena tratar.

Alguns resultados desse inventário podem ser pessoais, dolorosos ou de alto risco. São tópicos difíceis e, quanto mais tempo você deixar o problema de lado, mais difícil será pensar nele. O seguinte método de quatro passos abrirá o caminho para você verbalizar com menos estresse o que está sentindo:

1. Desabafar — libere a tensão emocional
2. Ter empatia — amplie sua perspectiva
3. Preparar — crie e ensaie seu pedido
4. Compartilhar — inicie a conversa

Entre um passo e outro, inclua muitos espaços em branco que servem para absorver sentimentos, esclarecer necessidades e manter a mente aberta.

Desabafar. A tensão emocional obscurece o julgamento. Portanto, é muito importante encontrar um parceiro para ajudá-lo a falar abertamente sobre a situação. Encontre alguém que não conheça a pessoa que está incomodando você (e não vai descobrir de forma alguma) e libere a tensão. Diga antecipadamente a seu parceiro se você precisa apenas de um ouvinte ou de alguém que lhe dê palpites.

Ter empatia. Agora que você já desabafou um pouco, seja lúcido o suficiente para ter empatia. Ao preparar-se para uma conversa difícil, você precisa colocar-se no lugar da outra pessoa para ser eficaz. Acompanhe o ponto de vista dela o tempo todo, como um ator interpretando fielmente uma personagem. Tente entender o que ela está tentando realizar, como vê você e se está fazendo seu melhor. A troca de lugar com outra pessoa aumenta a compaixão construtiva e começa a desfazer os nós em nosso estômago.

Preparar. A seguir, crie e ensaie seu pedido. Não hesite de forma alguma em praticar uma interação futura dentro do carro, diante do espelho ou com um amigo. O ensaio é uma ferramenta de apoio, e você não deve se sentir estranho diante dela. É o que os melhores comunicadores fazem antes de qualquer apresentação, grande ou pequena. Para questões simples, siga esta estrutura tradicional:

- Comece com um agradecimento (estabelecendo um tom de respeito).

- Declare aquilo que você não gosta (descreva comportamentos ou circunstâncias específicas, perceptíveis sem julgamentos ou avaliações).
- Afirme como isso lhe causa impacto (afetando o trabalho, as necessidades, o conforto e as finanças).
- Diga o que você prefere (ou peça).

Essa é uma boa ocasião para confiar na técnica clássica do "eu declaro", ensinada em todas as aulas básicas de comunicação. Ao usar esse método, você diz "Necessito de silêncio para trabalhar com eficiência" em vez de "Vocês falam alto demais para o meu gosto". Um aviso para os amantes da ambiguidade. Dizer "Para mim, você é um grande idiota" não tem o mesmo valor que "Eu declaro". E lembre-se do princípio importante da concisão radical, verificando o que planeja dizer através do filtro "O que essa pessoa necessita saber *realmente*?".

Compartilhar. É hora de dar o bote e pedir o que você necessita. Inicie a conversa de modo agradável, apresente o assunto, diga o que quer — e pare. Use a Fatia para criar espaço para sua mensagem assentar e ser digerida. Ouça a resposta do modo mais aberto possível, seja ela defensiva ou receptiva. Enquanto a discussão se desenrola, fale pouco, com gentileza e claramente.

Se nada mudar em seguida, tome cuidado com o número de vezes que apresentar seu pedido. É como o botão "Pare" que você aperta para atravessar a rua. A maioria de nós, apesar de saber que o sinal só é enviado uma vez, continua a apertar o botão várias vezes, e sem necessidade, porque somos impacientes e queremos que a luz mude rapidamente. Mas, se você enviou o sinal, fez os seus 50%. Os outros 50% estão fora de seu alcance. Você vai sempre insistir em uma necessidade ou desejo que é ignorado? Claro. Mas envie a mensagem e pratique a arte de esperar na esquina por alguns instantes até o sinal cumprir a missão dele.

Há ocasiões em que, em vez de pedir algo novo, temos de aprender a aceitar como as coisas são. Existem pessoas cujo comportamento é, provavelmente, muito difícil de mudar. No caso de seu chefe que sempre realiza múltiplas tarefas enquanto você fala, ou da mulher que é tão do contra que diz que os cachorrinhos não são fofos, você sabe o que eles vão fazer. Em vez de pedir que mudem, prepare-se visualizando na mente a próxima cena e ensaiando o inevitável. A visualização é uma técnica usada pelos verdadeiros mestres em muitas áreas de ação, como Muhammad Ali, que disse: "Se minha mente é capaz de compreender e meu coração é capaz de acreditar, posso conseguir o que quero". Portanto, voe alto como uma borboleta passando sobre suas decepções anteriores com aquela pessoa e imagine-se agindo com extrema habilidade na próxima vez que a encontrar. E, na próxima interação, você estará confiante e menos abalado.

Queremos criar ambientes de trabalho nos quais as desvantagens — a vulnerabilidade e o risco — de dizer o que você deseja são amenizadas pelas vantagens — sinceridade, integridade e menos distração. Queremos que você proteja seu espaço em branco pedindo o que necessita e que ouça paralelamente as necessidades dos outros. Quando esse senso de permissão é consistente, os obstáculos são removidos, o tempo para pensar é liberado e o trabalho pode ser feito com mais facilidade.

A ampulheta

Com suas novas habilidades de dizer o que deseja, você agora vai precisar dizer o que não deseja. E é difícil. "Não" é uma palavra pesada, mas protege o tempo, a energia e o foco da equipe. Cada um de nós precisa lutar constantemente pelo equilíbrio da firmeza e pela flexibilidade para usar essa linha simples, porém vital, na areia.

Como seria a vida de sua equipe sem a capacidade de dizer "não"? Seria mais ou menos semelhante a Lucille Ball e sua amiga Ethel em pé diante da esteira rolante de produção por onde os chocolates passam cada vez mais rápido (veja no Google). Você pode tentar colocar os chocolates (isto é, as responsabilidades, as solicitações e os pedidos dos outros) no chapéu, na boca ou no bolso, ou amontoá-los a seus pés. Essa, porém, não é a forma mais eficiente de trabalhar. "Não" é o botão interruptor da emergência. Faz a linha parar.

A maioria de nós acha que deve usar a palavra "não" com um pouco mais de frequência, mas ficamos tensos só de pensar em dizê-la. Em geral, percebemos que precisamos dizer "não" somente depois que deixamos a oportunidade passar. Isto já aconteceu com você? Às 15h33 de sexta-feira Chris está sentado diante de sua mesa respondendo *rápido demais* aos *e-mails*. Enquanto se apressa nas respostas, ele vê a pergunta de um cliente interno. "Oi Chris", começa o inócuo *e-mail*. "Será que sua equipe poderia reunir alguns números para nós, no projeto Carson, até as 9 horas de segunda-feira?". Chris, o dínamo de seu departamento, responde com entusiasmo: "Sem problema!"; e então a onda gigantesca o atinge. Ele acabou de forçar sua equipe a trabalhar no fim de semana. Tudo por ter dito "sim" rápido demais. Nosso amigo Chris enviou uma resposta que chamo de "resposta relâmpago". Resposta relâmpago é uma resposta imediata a um pedido de sim/não, alimentada por uma gaveta de lixo psicológico de reflexo, impulso e distração. Chris não deve ser considerado culpado. Ele não tinha estrutura para apoiá-lo em sua escolha.

Eu tenho uma para você, chamada Ampulheta, um modelo passo a passo para você decidir conscientemente quando dizer "não" — ou "sim". Trata-se de uma forma estruturada para usar a pausa que o ajudará a manter seus objetivos na direção certa e ser criterioso em cada decisão sim/não. O simples uso dela desacelera você e aumenta a intencionalidade.

No centro de cada ampulheta há uma passagem estreita que regula o escoamento da areia. Em nossa Ampulheta, em vez de afunilar areia, afunilamos decisões, desacelerando-as por uns momentos e fazendo uma pausa estratégica na passagem estreita do vidro para permitir a correta ponderação antes de responder.

Ampulheta

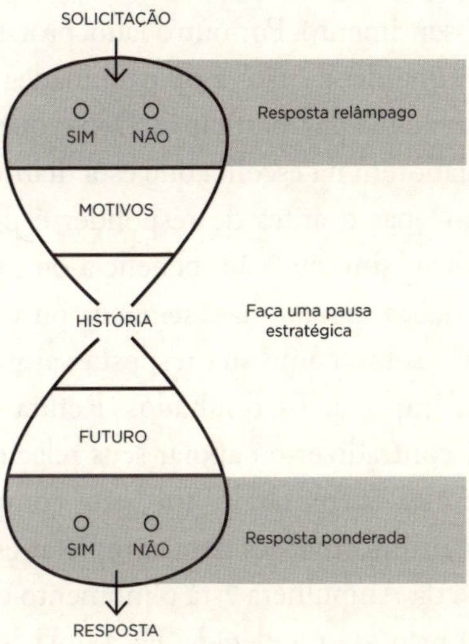

Vamos começar do topo de nossa Ampulheta. Se você receber um pedido via *e-mail*, mensagem de texto ou de alguém aparecendo na porta de sua sala, peça um pouco de tempo e recorra à Ampulheta. No topo, observe a reação relâmpago que você teve inicialmente ao receber o pedido. Sim ou não. Tudo o que você sentiu vontade de dizer no momento. Anote.

A seguir vem a fase da ponderação crítica, na qual você faz uma pausa estratégica e examina seus motivos, sua história e seu futuro. Pense nos motivos em primeiro lugar e procure pontos cegos. Pergunte a si mesmo se está aceitando com entusiasmo uma oportunidade que deseja, buscando um trabalho respeitável ou, contrariamente, querendo agradar pessoas, trabalhando com medo ou tentando cativar alguém para receber algo em troca. Se está querendo sentir-se necessário, querido, ou se deseja ganhar visibilidade, aceite essa verdade. Anote alguns pensamentos particulares sobre seus motivos, negativos ou positivos.

A seguir, pense em sua história recente de escolhas semelhantes de sim/não. Reflita se você se apresentou voluntariamente ao receber um pedido no passado e sentiu uma ponta de ressentimento. Por outro lado, procure se lembrar de ocasiões em que disse "não" a oportunidades que o deixaram curioso e ansiando por participar. Deixe que as experiências passadas colaborem na escolha que está diante de você.

O último passo antes de responder é pensar no futuro. Imagine se seu "sim" ou "não" beneficia ou prejudica você ou sua equipe dali a alguns dias, semanas ou um período mais longo. Reflita sobre como sua resposta vai proteger o tempo e o foco ou impactar os resultados. Reflita sobre como sua resposta vai contradizer ou apoiar seus relacionamentos e influência. Se está enfrentando um "não" complexo, vai ter de conseguir mais informações para completar esta fase.

Na base da Ampulheta está o momento de tomar decisão e anotar sua resposta ponderada. Faça uma escolha, anote-a e comunique-a com a confiança gerada pela intencionalidade que você demonstrou. (Esse processo inteiro pode ser reduzido a um ou dois momentos automáticos assim que você se familiarizar com ele.)

Depois de comunicar a resposta "não", você vai ter de se esforçar muito para não pensar no que se passa na mente de quem recebeu a resposta negativa. É fácil cair nessa cilada. Digamos que Neisha lhe pede para organizar uma festa de despedida para um funcionário que vai se aposentar. Você está no seu limite. Usa a Ampulheta e diz "não" com gentileza. Mas sua mente continua a girar. Depois de dar a resposta, você começa a imaginar o que se passa na mente de Neisha. O que ela está pensando de você ou sentindo em relação a você? (Ó, Deus, e talvez contando a outras pessoas!) E se ela concluir que você não sabe trabalhar em equipe ou pior — é insensível? Ler a mente dos outros enfraquece e prejudica você. Imagine uma porta trancada na testa da pessoa a quem você disse "não". Se o "não" foi criterioso, permaneça do lado de fora.

A beleza da Ampulheta está no modo como ela usa a pausa para nos frear e nos dar tempo. Tempo para ter certeza, para evitar arrependimento e para caminhar com elegância na corda bamba de nossos relacionamentos.

Palavras que ajudam a dizer "não"

As palavras específicas usadas para recusar um pedido são dolorosamente difíceis de dizer. Escapam da boca como se fossem grosseiras, desculpas longas demais ou inseguras mesmo quando tentamos ser confiantes. Vou apresentar alguns exemplos e estratégias do que dizer, mas antes vamos abordar a escolha de não dizer nada. Quero que você se comprometa a rejeitar o "não dos covardes" — não dar nenhuma explicação.

Não responder é o novo "não". É uma escolha tentadora e totalmente egoísta — enlouquecedora quando apontada em nossa direção, mas, curiosamente, quando fazemos essa escolha, ela parece necessária. Pare um momento para se lembrar da última vez em que alguém o abandonou no meio de uma conversa acalorada, sem dar nenhuma explicação. Relembre como foi humilhante e cruel e use essa memória dos sentidos para comprometer-se a escolher um jogo mais corajoso. Decida que não dizer nada *não* é uma opção.

Os vendedores são os primeiros a serem abandonados sem nenhuma explicação, mas também merecem receber uma resposta, se não for para o bem deles, que seja então para você esvaziar sua caixa de entrada. Ao dar uma resposta direta, você os está ajudando, porque um "não" firme é, na verdade, um som maravilhoso. Mesmo que a caixa de entrada seja momentaneamente esvaziada, isso nos liberta da ambiguidade. Libera energia profissional para ser usada em outras atividades e nos dá uma certeza tranquilizadora. Seja corajoso e diga "não".

Tendo rejeitado a ideia de desconsiderar os outros como método de expressão, temos de aprender a dizer as palavras relacionadas ao "não". Em situações simples, as frases a seguir lhe serão úteis e poderão ser adaptadas ao seu estilo e à situação. Com um pouco de prática, você vai descobrir quais lhe vêm à mente com mais naturalidade e sempre se sentirá preparado. Estes exemplos são apropriados para interações diretas e decisões binárias de sim/não.

- *"Posso lhe dar uma resposta daqui a vinte e quatro horas?"*

  Dê um tempo a você para acionar a Ampulheta. Quando o contato interpessoal é interrompido, o intelecto entra em cena, deixando você mais preparado para tomar decisões racionais.

- *"Posso ajudá-lo desta vez, mas não todas as vezes."*

  Faça a pessoa exigente reduzir aos poucos suas expectativas e programe um futuro "não".

- *"Não tenho (ou não vou ter) condições de fazer isso."*

  Esta condição é um começo neutro maravilhoso para qualquer "não". Tome cuidado para não usar um tom de voz grosseiro.

- *"Não posso, mas tenho outra opção para você."* ("Não" acompanhado de um substituto.)

Apresente uma alternativa ou sugestão para substituir a sua impossibilidade de ajudar.

- *"No momento, não tenho condição, mas vamos dar uma olhada em nossas agendas."* (Sim, mas no futuro.)

  Tenha o cuidado de não usar um adiamento para evitar um "não" necessário. Mas, se o tempo for realmente o problema, recue o compromisso.

- *"Aceite o 'não', queridinho."*

  Para usar com uma criança que está perguntando pela vigésima vez se pode fazer ou ter alguma coisa.

- *"Mãe/irmã/irmão/meu amor, desta vez não vai ser possível."*

  Use esta frase fácil com a família para praticar o "não" quando os riscos forem pequenos.

- *"Obrigado por sua franqueza."*

  Frase para ser usada quando você é quem recebe o "não".

- *"Não, sinto muito."*

  Sim, é uma frase completa. Saia sem dizer mais nada.

"Nãos" mais complexos exigem, claro, mais trabalho para escolher as palavras que você planeja dizer.

Para isso, vamos voltar ao processo que você usou para fazer pedidos 50/50. Desabafe para liberar a tensão emocional. Tenha empatia, prepare-se e, finalmente, compartilhe. O segundo passo — ter empatia — é muito importante. Assim como o martíni extrasseco com uma gota imperceptível de vermute, a suavidade criada dentro de você pela empatia mudará o sabor de suas palavras.

Um exemplo útil é fazer um "sanduíche do não" com uma fatia de delicadeza de cada lado, como agradecer a quem fez o pedido pela intenção de ter incluído você ou dizer algumas palavras encorajadoras sobre o projeto. Este é um exemplo do "sanduíche do não" para Chris, nosso amigo nervoso que aceitou preparar um relatório no fim de semana.

> *Prezado cliente "sem fronteiras",*
>
> *Queremos deixar claro que gostamos muito de trabalhar com você.* (A primeira fatia de delicadeza.)
>
> *Vai ser extremamente difícil encaixar esse pedido importante no fim de semana.* (Este é o "não". Elimine-o da frase.) *Suas entregas são muito importantes e queremos ter certeza de que vão receber a atenção que merecem.* (A segunda fatia de delicadeza. A frase mostra boa intenção e um esforço para suavizar com delicadeza a decepção do cliente.)
>
> *Teremos prazer em dedicar toda a nossa atenção ao assunto nas primeiras horas de segunda-feira e lhe apresentaremos os números no fim do expediente.*
>
> *Atenciosamente,*
> *Chris*

Resista ao impulso de querer ensinar algo a eles, como: "Não achamos razoável fazer esse pedido no fim de uma sexta-feira". É tentador querer mostrar que o pedido deles foi injusto, mas não é útil para a causa que você defende.

Dizer "não" ao chefe (ou talvez à sua doce mamãe) é a situação mais difícil. Para um "não" direto ao chefe, a palavra principal a ser incluída é "qual", como em "qual tarefa é mais importante?". Ao usar a palavra "qual", destacamos com delicadeza o fato de que nossa elasticidade não é infinita. *Damos a entender que nossas tarefas podem, claro, ser adicionadas à nossa lista, mas que outras podem ser removidas ou adiadas.* É mais ou menos assim depois que seu chefe lhe atribui um novo projeto:

> *Prezado chefe,*
>
> *Adoraria assumir essa tarefa.* (A primeira fatia de delicadeza.)
>
> *Tenho vários projetos de alta prioridade que o senhor me incumbiu este mês. Gostaria de saber qual deve estar em primeiro lugar em minha lista para dedicar-me inteiramente a ele e cumprir nossas metas, e também qual pode ser postergado ou talvez repensado.* (Este é o "não". O "qual" dá a entender que algumas tarefas permanecerão e outras serão cortadas, entregues a outras pessoas ou deixarão de ser prioridade. Isso mostra um pouco de coragem, mas da maneira mais suave possível.)
>
> *Será que poderíamos passar alguns minutos juntos para revisar meus projetos e os prazos mais convenientes para o senhor?* (Apenas um pouco de deferência misturada com demonstração de um plano organizado para entregar o melhor trabalho.) *Agradeço sua ajuda.* (A segunda fatia de delicadeza.)
>
> *Atenciosamente,*
> *Beth Resoluta*

Dessa maneira, vai ficar cada vez mais fácil dizer "não". A Ampulheta e o "sanduíche do não" vão ajudar. Quando aprendemos a superar o breve, porém assustador, momento do "não", experimentamos os benefícios de ter feito escolhas difíceis e adquirimos confiança para a próxima vez. As perguntas simplificadoras também estarão presentes para você reforçar todas as suas escolhas do "não".

- *"Há alguma coisa da qual eu possa abrir mão?"* – vai ajudá-lo a lançar um desafio a si mesmo de sair só um pouquinho de sua zona de conforto.
- *"Onde 'bom o suficiente' é bom o suficiente?"*– vai livrá-lo do medo de dizer "não" de modo incorreto ou de controlar o resultado de uma decisão ponderada.
- *"O que eu preciso saber realmente?"* – vai manter seu processo da Ampulheta no ponto de equilíbrio entre análise excessiva e pressa.
- *"O que merece minha atenção?"* – vai centralizar sua mente no trabalho importante, nas pessoas mais importantes e nos valores que você deseja trazer para sua vida. O motivo pelo qual dizemos "não" é para estar preparados para essas coisas.

Agradecimentos não declarados

Quando nos movemos com mais cuidado a cada dia, aprofundamos nosso conhecimento e nossa gratidão pelos maravilhosos seres humanos com os quais trabalhamos. Mais gratidão e camaradagem borbulham em nós e devem ser expressas nas coisas positivas que dizemos uns aos outros. Porém, muitos desses agradecimentos ficam ocultos e presos dentro de nosso peito. Queremos deixá-los sair, mas estamos atarefados demais, ou esperamos que nossos colegas e amigos saibam o que estamos sentindo. Guardamos dentro de nós presentes verbais como elogio, agradecimento, apreço, amizade e amor. Cruzamos os dedos para ter relacionamentos mais íntimos no trabalho e que se sintam realmente ligados a nós, mas nos esquecemos de dizer as palavras que criam tais relacionamentos.

Agradecimentos não declarados são o tipo mais triste de abdicação verbal. Há apenas um aspecto positivo neles

— desaparecem com facilidade. Experimente extravasar um agradecimento não declarado de seu coração e isso o inspirará a declarar outros dez no dia seguinte.

Comece com palavras mais ou menos assim:
Nunca disse isto, mas…
Fiquei muito impressionado quando…
Sempre admirei você porque…
Percebo que um erro meu foi…
Gosto de você. Não gosto apenas, mas "gosto de você" como você é, portanto…
Gostaria muito de saber mais sobre…
Uma de minhas lembranças favoritas é…
Queria dizer-lhe que…
Muito obrigado pelo tempo que você me dedicou…
O maravilhoso em você é que…

Palavras que produzem efeito são o caminho para estabelecer a harmonia e o entusiasmo da equipe. São também a ferramenta que dá lugar à proximidade e à motivação. E, quando usamos a pausa estratégica para estimular o que dizemos, elas são ainda mais úteis para nós. Cada dia de nossa vida e de nossos relacionamentos é beneficiado quando liberamos as palavras que estão dentro de nós.

PARE UM MINUTO PARA PENSAR... EM COMO AS MELHORES EQUIPES CONVERSAM

LEMBRE-SE:

- A linguagem é o ponto a partir do qual todos os objetivos pessoais se tornam reais. A comunicação hábil, clara e corajosa resolve muita coisa.
- Escolher o melhor meio de comunicação para a mensagem (2D *versus* 3D) economiza tempo e acrescenta riqueza às suas comunicações.
- A Regra 50/50 diz que qualquer coisa que o aborreça no trabalho é 50% de sua responsabilidade até você pedir o que deseja.
- A Ampulheta traz intencionalidade às suas escolhas e o orienta a examinar seus motivos, sua história e seu futuro antes de responder aos pedidos.
- O "sanduíche do não" sugere que dizer "não" será mais fácil se for entregue entre duas fatias de delicadeza.
- Agradecimentos expressos verbalmente aquecem dois corações — o seu e o da outra pessoa.

PERGUNTE A SI MESMO:

- "Qual é a palavra não proferida que necessito compartilhar?"

9

REUNIÕES MELHORES

EXPERIMENTANDO OS BENEFÍCIOS DE ESTAR JUNTOS

PODEMOS MUDAR AS REUNIÕES SE TROCARMOS NOSSA RECLAMAÇÃO FAVORITA POR UMA PRECIOSA OPORTUNIDADE.

A equipe que eu lidero trabalha de forma inteiramente remota e dispersa desde o dia da organização de nossa empresa. A flexibilidade tem sido uma grande vantagem para encontrar talentos e para minha agenda, e não me arrependi até ver a situação por um novo ângulo após o caos provocado pela pandemia por covid-19, quando nos dedicamos a atender clientes que estavam correndo uma maratona com a intensidade de um velocista. Eles haviam ultrapassado os limites da exaustão e necessitavam, mais do que nunca, de uma pausa estratégica.

Pelo fato de terem sido separados, os integrantes das equipes sentiam muito a falta dos colegas. Havia um anseio por apoio mútuo que vinha de *cada* uma das dezenas de chamadas de Zoom que eu recebia por semana, às vezes diretamente e outras de modo implícito. Ao ouvir a saudade que as equipes sentiam da presença física dos colegas, comecei a sentir falta de uma equipe presencial, que nunca havia tido, e a desejar ter a agradável companhia de trabalhar em silêncio lado a lado ou de nos movimentarmos animadamente em torno de um quadro branco criando algo bom. Tinha dúvida sobre se havíamos trocado incorretamente a intimidade por liberdade. A mudança parecia importante. Quando passei para a fase seguinte de nossas atividades, comecei a pesquisar proativamente na tentativa de encontrar mais tempo para trabalharmos juntos fisicamente.

Quando entramos no assunto "reuniões", corremos o risco de repetir a lenga-lenga "Ah, como as reuniões são chatas". Gostaria de apresentar uma intenção diferente, não para falar mal das reuniões, mas para usar os princípios do espaço em branco a fim de destacar o que há de melhor neles: seres humanos no ambiente rico e vivo de estar juntos, fazendo um trabalho empolgante tornar-se realidade. Uma reunião de ótima qualidade nos deixa animados e, quando é influenciada pelo espaço em branco, há tempo de sobra para pensar, refletir e fazer pausas. E, sim, para nós que somos extrovertidos vorazes, a versão virtual é um pouco maçante, mas também, neste caso, o objetivo é melhorar e tornar mais rico e mais gratificante o tempo que passamos em reuniões.

No podcast *How to Make Meetings Less Terrible* [Como tornar as reuniões menos terríveis], os Freakonomics[1] nos lembram corretamente de que zerar reuniões não é um objetivo; gostamos de interação, mesmo quando reclamamos.[2] Em seu livro *Where Good Ideas Come From: The Natural History of Innovation*, Steve Johnson lembra-nos de que, a fim de chegar aos momentos "eureca", a criatividade exige muitas vezes fertilização cruzada e novas ideias que não podem ser estimuladas sozinhas.[3] Realizada dentro de ambiente correto, a reunião pode ser o ponto alto colaborador e criativo de seu dia.

No entanto, não é o que costuma acontecer, porque muitas reuniões existem unicamente para ajustar as maneiras inquestionáveis de fazer as coisas. Meu amigo Larry conta a história

1 Nome da coletânea de estudos do economista Steven Levitt, cujo pensamento difere do da maioria dos economistas. [N. do R.]

2 Dubner, Stephen J. How to Make Meetings Less Terrible, ep. 389. **Freakonomics**, 11 dez. 2019. Disponível em: https://freakonomics.com/podcast/meetings/.

3 New York: Riverhead Books, 2011. [**De onde vêm as boas ideias:** Uma breve história da inovação. Rio de Janeiro: Zahar, 2021.]

de uma grande empresa de tecnologia na qual trabalhou trinta anos atrás. Eles passaram por treinamento administrativo e, como resultado, começaram a ter suas primeiras reuniões semanais com o pessoal. Depois de duas semanas (a primeira foi uma espécie de quebra-gelo, na qual compartilharam assuntos pessoais, como local tradicional de cada um para passar as férias, e a segunda foi para revisar o orçamento do ano inteiro), o chefe dele o abordou para dizer: "Ouça, Larry, preciso de ajuda. Escolha alguns funcionários e tentem descobrir o que devemos discutir nessas reuniões porque não sei como preencher o tempo!".

À medida que as reuniões se multiplicam, a poderosa negação justifica sua intromissão. Achamos que podemos participar de uma reunião o dia inteiro e que, de alguma forma, nosso trabalho está sendo feito ao mesmo tempo por — sei lá — duendes encantados. Ou achamos que podemos participar de uma série contínua de reuniões virtuais cansativas das 8 às 18 horas, e manter o foco e a vitalidade o tempo todo. Somos arrastados como um búfalo asiático com um anel no nariz por nossos compromissos multicoloridos e agendados, e então a realidade chega quando decidimos realizar o "trabalho de verdade" todas as noites.

Quando nossa agenda está lotada, não temos liberdade para fazer uma pausa estratégica. Falta-nos o espaço em branco amenizador que nos permite reagir com calma e rapidez para enfrentar uma oportunidade em tempo real, uma emergência ou um momento de sorte. E esse é um motivo importante para mudar nosso modo de agir. Devemos dimensionar corretamente nossas reuniões a fim de criar espaço para criatividade, recuperação e reflexão. Chegaremos lá com um pouco mais do discernimento que se origina da pausa. Veremos que não somos "necessários" em todas as reuniões da equipe — e que nem todas as decisões e os projetos exigem uma reunião para serem levados adiante.

Para lidar com a grande quantidade de reuniões, vamos usar a pausa estratégica nos dois momentos centrais de decisão. Ela dá origem a toda a nossa estrutura de reuniões: ao momento *antes de convidar* e ao momento *antes de aceitar*. Em seguida, vamos voltar a atenção para reformular a maneira como conduzimos as reuniões que permanecem.

Em uma reunião do tipo espaço em branco, os participantes chegam no horário e sem pressa porque o tempo de transição entre as reuniões foi estipulado no decorrer do dia. As pautas do dia são usadas apenas se forem necessárias. Os celulares são deixados longe da vista para não interromper a conexão interpessoal ou a fluidez estratégica da reunião. Canetas simples, papel ou *flip charts* podem ser usados para anotar ideias, e todos devem ter permissão inquestionável para pensar antes de falar. Aproveite esse tipo de troca de informações e talvez você acabe querendo mais reuniões.

"Eu não devia estar aqui"

Controlar o tédio — é assim que vamos começar a encarar as reuniões, pois isso revela muita coisa. Ficar entediado em uma reunião é, às vezes, inevitável — simplesmente faz parte do trabalho. Ou, se você se permitir sentir tédio, ele pode tornar-se uma valiosa experiência de que você está no lugar errado em um determinado momento. Quando múltiplas tarefas digitais são permitidas nas reuniões, *emudecemos* esse instrutivo tipo de tédio. Distraímo-nos vendo as telas enquanto silenciamos uma categoria inteira de perguntas importantes que deveríamos fazer a nós mesmos: Por que você está entediado? Você não devia estar aí? Você é redundante com outros colegas na sala? Está com medo de pedir para não participar?

Se você estiver sentado em uma reunião que parece maçante e não se distrai com outros aparelhos eletrônicos, vai ver sua situação com mais clareza. Vai concluir que o trabalho é difícil e, às vezes, maçante, mas você *tem* um propósito nessa reunião, ou vai concluir que não está contribuindo para ela nem se beneficiando dela. Neste último caso, faça uma pausa estratégica e diga a si mesmo: "Eu não devia estar aqui".

Repita essa frase interiormente no decorrer de qualquer reunião que pareça sem sentido. Ouvir essa mensagem repetidas vezes aumenta a conscientização e reduz a dispendiosa negação. Desenvolve uma quantidade importante de desconforto interior positivo que, com o tempo, estimula a ação. E no momento exato. Nossa pesquisa mostra que 30% das reuniões de nossos clientes parecem encaixar-se na categoria "eu não devia estar aqui".

No entanto, não é verdade que algumas reuniões que parecem importantes são mesmo importantes? Sim. E muitas reuniões parecem importantes (em geral para quem as convoca), mas na verdade não são. Observei esse fato na América do Sul, no início de um evento para uma empresa de energia global com negócios em 29 países. A estada no Peru foi uma delícia — com muitos lugares lindos para visitar, com exceção do *cuy* (uma especialidade regional de porquinho-da-índia assado inteiro, mas infelizmente apresentado sem nenhum esforço para disfarçar que se trata de um porquinho-da-índia).

Ao me dirigir a esse grupo, pedi aos presentes que pegassem, com muito critério, uma fatia de espaço em branco e levantassem a mão para identificar, em ordem descendente, se a reunião era perda de tempo. "Quem acha que 50% do tempo gasto na reunião é desnecessário?" Vi um punhado de mãos levantadas. "E 40%? E 30%? E 20%?" A essa altura vi que todos levantaram a mão, exceto Carl, que, por fim, levantou a mão, confiante, quando apresentei a última categoria, para declarar que 0% do tempo de suas reuniões era desnecessário. Não demorei muito para descobrir que era ele quem convocava as reuniões.

A ferramenta sutil do "eu não devia estar aqui" é sempre mais vitoriosa do que quase todas as outras técnicas de reunião. Para o pessoal da equipe de todos os níveis, o simples conhecimento e a revisão em grupo dos *insights* do "eu não devia estar aqui" de cada pessoa ajudam-nos a deter o crescimento descontrolado dos esquemas de nossas reuniões. Passamos do senso comum (onde todos nós sabemos que muitas reuniões são inúteis) para a prática comum (onde cancelamos ou não aceitamos participar daquelas reuniões que não nos dizem respeito). E se muitas pessoas estão considerando a reunião como "Eu não devia estar aqui", saiba que o propósito geral ou o esquema da reunião precisa ser mudado.

Convite não é intimação

As equipes e seus integrantes também se beneficiam quando há uma lista de opções claras para os que foram convidados a participar e com as quais todos concordam. E, quando cada opção é considerada igualmente honrosa, não há nenhuma reação oculta. Dê a você e à sua equipe permissão verdadeira para escolher qualquer uma das quatro reações a seguir para cada convite a uma reunião e veja os espaços em branco aparecerem em sua agenda.

Você pode aceitar. Quando você aceita o convite porque acredita que vai acrescentar valor e/ou colher benefícios se participar da reunião. Quando as pessoas aceitam com liberdade de escolha, envolvem-se mais no assunto porque receberam a dádiva inestimável da autonomia.

Você pode recusar. Quando você recusa, a decisão é tomada depois de fazer uma pausa estratégica e constatar que a reunião não acrescentará valor ao seu trabalho nem, mais importante ainda, você acrescentará valor especial a ela. Se cantou mentalmente a ária "Eu não devia estar aqui" durante algumas reuniões recorrentes, esforce-se para recusar o convite para a próxima. A princípio é assustador e muito mais fácil para os veteranos, mas você pode aprender a fazer isso.

A recusa tem muitas sutilezas e alguns riscos. Faça uma pausa antes da recusa e utilize o No-Buddy, que conhecemos no capítulo 8, para testar seu plano antes de colocá-lo em prática, tendo a certeza de que a linguagem respeitosa que você usa para recusar será bem recebida. Dê tempo a si mesmo para tomar a decisão. Analise os benefícios e as verdadeiras consequências de recusar o convite e examine suas reações emocionais ao desafio de optar pelo "não". Líderes, observem, por favor, que a maneira como recebem uma recusa de sua equipe ao convite vai liberar ou sufocar a disposição deles em usar a técnica no futuro.

Se você hesita em recusar porque gostaria de estar presente, considere a legitimidade e as opções desse fator. Sentar-se ao lado do Chefão pode dar um impulso válido à sua trajetória profissional portanto, você pode, às vezes, aceitar essa exposição — e não há nada de errado com ela. Você está sendo intencional, e é isso que queremos. E não se esqueça de escolher cuidadosamente entre a resposta 2D e a 3D de sua recusa quando apropriado. Se se sentir tentado a recusar por estar indeciso, é possível que esteja subestimando a colaboração. Se assim for, vá devagar antes de "fechar o cerco" em torno da agenda de sua reunião. E é claro que nunca vamos querer perder ou cancelar reuniões que giram em torno de receita ou de clientes, a não ser que nossa participação seja claramente redundante.

Os executivos veteranos precisam acrescentar outra camada de consideração. Clive não aceitou o convite para participar de uma reunião que, segundo ele, era do tipo "Eu não devia estar aqui". Acontece que Carl possuía informações importantes que a equipe liderada por ele não possuía, e sua ausência causou um prejuízo razoável à empresa. Juntos, elaboramos a estratégia de que, em suas futuras recusas, ele se deteria um pouco mais na pausa estratégica, usando como filtro a terceira pergunta simplificadora: "O que eu preciso saber *realmente*?". Depois poderia optar por enviar uma lista de preparação do tipo 2D à sua equipe. Assim, sua ausência provavelmente traria menos consequências no futuro.

Em muitas culturas que adotam reuniões, a agenda de uma pessoa fica aberta a qualquer um que queira realizar uma reunião. Essa é a versão de controle de agenda de Dante, e o caminho certo para perder o mínimo de espaço em branco. As reuniões são absurdamente agendadas em dobro ou em triplo por pessoas empurradas impetuosamente por uma urgência tão alucinada que não fazem uma verificação antes de incluir os participantes. Uma reunião vodu circunda o globo terrestre, onde alguém agenda uma reunião em New Jersey e outra pessoa sente a dor em Sydney.

Se sua agenda está fora de controle em razão desse protocolo mal concebido, e você não tem espaço em branco suficiente para realizar seu melhor trabalho, tente jogar um paletó em cima dele. Como quando você vai ao cinema sozinho, mas gostaria de ter um pouco mais de espaço ao seu redor. Costuma-se colocar o paletó no assento ao lado. Trata-se de uma forma propositadamente acidental de marcar território. Se alguém pergunta: "O assento está vago?", é claro que você retira o paletó. Mas, enquanto isso, o paletó serve para aumentar sua probabilidade de bem-estar em um mundo apinhado de gente.

A pergunta no mundo dos negócios é: "O que o paletó representa?". Se todos conhecessem e respeitassem a expressão "espaço em branco", o espaço em branco seria o paletó, bloqueando confiantemente as fatias e os quadrados vazios de sua agenda feliz e descontraída. Mas, até lá, você terá de encontrar maneiras mais sutis de colocar o paletó. Pode colocar "tempo estratégico", "tempo de planejamento", "tempo para pensar" ou "tempo criativo". Todos sinalizam valor e limites simultaneamente.

Você pode enviar um subordinado. É uma atitude inteligente enviar um subordinado quando você não está disponível, mas não quer adiar a reunião. Quando os líderes consideram esta opção, ela os força a perguntar se alguém os convidou para participar taticamente da reunião ou apenas para marcar presença. Você pode usar este método para treinar sua equipe ou quando alguém conhece o assunto melhor que você. Enviar um subordinado é uma ótima maneira de treinar outras habilidades, desenvolver capacidades, recompensar pessoas com alto potencial e aumentar a confiança da equipe.

Você pode ficar de plantão. Quando é convidado a "ficar de plantão" em uma reunião, você está disponível, mas não presente. É como um médico de plantão com um *pager*. Eles estão disponíveis, mas não no hospital. Quando está de plantão, você permanece sentado à sua mesa de trabalho e trabalha durante a reunião, cuidando de outras tarefas. Deixa o celular ligado e por perto, caso seja chamado pelo grupo reunido para compartilhar informações, responder perguntas ou votar. Enquanto estiver de plantão, não converse por telefone nem por videoconferência, porque são meios de comunicação difíceis de ser interrompidos rapidamente. Da mesma forma, não se envolva em tarefas extremamente criativas e delicadas, que também são difíceis de ser interrompidas. Use esse tempo para realizar tarefas necessárias, porém simples, como abrir *e-mails*, escrever relatórios ou controlar a agenda. O plantão é uma excelente otimização do tempo. A condição de plantão é relacionada nas anotações da reunião e pode ser iniciativa sua ou solicitada por você, depois de ter sido convidado. O plantão deve ser usado em uma reunião por vez.

As perguntas simplificadoras nas reuniões

Vamos levar nosso método deliberado ao próximo nível e aplicar as perguntas simplificadoras às reuniões. Como acontece em todos os seus usos, as perguntas forçam uma pausa e permitem retomar o foco.

- *"Há alguma coisa da qual eu possa abrir mão?"* vai ajudá-lo a perceber quando você pode afrouxar a necessidade de participar de todas as reuniões, tornar-se mais seletivo e escolher as mais importantes.
- *"Onde 'bom o suficiente' é bom o suficiente?"* vai ajudá-lo a simplificar sua pauta de trabalho e seus *slides* para fornecer a quantidade certa de apoio e direção, sem exigir mais esforço e detalhes do que é importante.
- *"O que eu preciso saber realmente?"* vai estimular você a esquivar-se de participar das reuniões que são extremamente 2D (você pode conseguir o conteúdo sem a reunião); quando usada pelos líderes, liberta os integrantes da equipe para tomarem mais decisões dentro de seu campo de ação.
- *"O que merece minha atenção?"*, feita dentro de sua agenda da reunião, pode ajudá-lo a focar o holofote nas reuniões mais importantes de cada semana, usando sua pausa construtiva para preparar-se completamente e dar tudo de si.

Organizadores de reuniões, a grande vantagem de ser redutor, aqui, está em vocês. Vocês estão na cabeceira do processo cumulativo que tentamos reescrever. Usem a pausa estratégica antes de enviar convites, para examinar os seguintes passos.

- Pense em quem é taticamente necessário na reunião.
- Faça uma referência cruzada da lista e verifique se há pessoas convidadas "por via das dúvidas", convites puramente políticos, redundância de funções, para "manter alguém informado" ou convites decorrentes de hipercolaboração.

- Verifique as agendas que você está prestes a preencher para ver se há espaço em aberto. Evite agendamento duplo e triplo. Se não for emergência, não convença alguém a não usar o espaço em branco ou a não incluir indicações do tipo "paletó — lugar ocupado". Eles estão ali por um motivo.
- Permaneça curioso e neutro quando ouvir pedidos que serão recusados.

Ao convidar pessoas para participar das reuniões, verifique se trazem conhecimentos ou *insights* relevantes; se têm autoridade para tomar decisões; se podem aprender algo na reunião; ou quando representam um grupo numeroso que será afetado pelo resultado da reunião.

O conhecimento da comunicação 2D *versus* 3D pode reduzir a participação em ambos os lados do processo da reunião. Unir informações 2D antes da reunião pode eliminar alguém que só seria convidado para informar rapidamente alguns fatos e dados. Por outro lado, publicar notas de código aberto 2D após a reunião ajuda-nos a perceber que temos duas escolhas em nossas comunicações: convidar ou informar. A disponibilidade de notas de código aberto também diminui o FOMO (*Fear of Missing Out* [Medo de ficar de fora]) daqueles que decidiram não participar ou talvez chegue a mudá-lo para nosso tipo de FOMO (*Finally Obtaining More Oxygen* [Finalmente recebendo mais oxigênio]).

Tempo no corredor

À medida que você começa a reduzir a quantidade total de reuniões das quais participa e para as quais convoca (vendo finalmente algum espaço em branco de verdade em sua agenda), queremos ter certeza de que vai também incluir algumas fatias de espaço em branco entre cada reunião que mantém. Um simples intervalo de 5 a 15 minutos entre os compromissos significa um mundo de diferença para nosso corpo cansado e nossa mente desgastada.

Damos a isso o nome de "tempo no corredor", em razão da sabedoria da elaboração do ensino médio clássico. Quando precisavam mudar pessoas de um lugar para outro, eles intercalavam um período de tempo por meio do sistema clássico de dois toques na campainha. O primeiro toque sinaliza que você tem de se levantar e começar a andar. O segundo toque é ouvido quando você chega ao local determinado. O tempo entre um toque e outro é para a transição. As empresas poderiam aprender muito com esse modelo lógico se adotassem o tempo no corredor (ou tempo no corredor virtual) entre cada reunião.

Se assumirmos generosamente que nossas reuniões são significativas, é importante digerirmos as ideias recheadas de vitaminas, e também ricas em proteínas, e as sugestões apresentadas dentro de cada uma antes de prosseguir. Mas ficar preso em reuniões consecutivas é semelhante a comer o dia inteiro sem engolir nada. E a reflexão após as reuniões faz cada reunião ser melhor que a última. Observamos e perguntamos se as ideias foram compartilhadas livremente, se houve progresso e se permanecemos no rumo certo. Aprendemos com nossos erros ou boas escolhas para a próxima vez.

Comece treinando-se para incluir o tempo no corredor entre cada reunião de sua agenda, inclusive teleconferências, videochamadas e conversas entre você e um membro da equipe. Se está implementando o tempo no corredor por conta própria, você pode preencher essas lacunas programando reuniões de 45 a 50 minutos e de 20 a 25 minutos, respectivamente, em lugar de reuniões de 60 e 30 minutos, como era esperado. Garanto que as pessoas notam isso, e, se você equilibrar sua agenda, estará ao mesmo tempo apresentando uma valiosa lição. A vantagem é que as reuniões curtas são também mais eficazes, porque o tempo limitado nos leva a reduzir bate-papos e preâmbulos e passar rapidamente para o que interessa.

Observe que encerrar uma reunião de 45 ou 50 minutos exige preparação. Para uma reunião de 45 minutos, você começa a encerrar por volta da marca dos 40 minutos, finalizando os itens de ação e os próximos passos aos 42 minutos, e aos 45 minutos está saindo da reunião ou assinando papéis.

A narrativa do celular

O dispositivo de camuflagem é uma tecnologia que torna sua nave espacial invisível aos outros. Ele é indispensável para qualquer herói de ficção científica moderno. Mas nem mesmo os klingons ou os romulanos possuíam um dispositivo de camuflagem bidirecional.[4] Muitos de nós o possuímos. É o nosso celular. Quando sentimos aquele pequeno "ZZZT!!" de uma notificação e a recebemos, nosso eu senciente torna-se imediatamente invisível. O fascinante é que o efeito é bidirecional. Sentimos que o mundo humano desaparece nesses momentos. Não vemos ninguém. Não ouvimos ninguém. Não há nada a não ser o celular quando a conexão está ativa.

Quando estamos envolvidos com nossos dispositivos e nossas redes sociais, perdemos o controle do tempo e da atenção e ficamos menos presentes no trabalho e nas reuniões (e em outros lugares também). Incorporamos algo chamado "presença ausente", um conceito que, segundo consta, foi criado por Kenneth Gergen,[5] professor de psicologia de Swarthmore. Presença ausente é o que ocorre quando você está fisicamente na sala, mas não "dentro" da sala. Afeta nossos relacionamentos e pode causar impacto em nossa reputação, porque nossa atenção, momento após momento, é uma

[4] Personagens da série Star Trek. [N. do R.]

[5] The Challenge of Absent Presence. In: **Perpetual Contact: Mobile Communication, Private Talk, Public Performance.** Katz, James E.; Aakhus, Mark (eds.). Cambridge: Cambridge University Press, 2002. p. 227–41. Identificador Digital de Objetos:10.1017/CBO9780511489471.018.

mercadoria profissional não monitorada. Quando é afastada, principalmente sem explicação, *os outros notam*. Os colegas talvez pensem que somos grosseiros, "espaçosos" ou socialmente imaturos — e nada disso é útil para os nossos objetivos.

Tive uma experiência com a presença ausente em uma reunião com clientes de uma empresa nacional de cosméticos. Perguntei quantas lojas eles possuíam, quantos gerentes regionais e, então, bem no meio de minha frase, o gerente sênior pegou o celular e desapareceu, isto é, mergulhou a atenção no aparelho e parou de responder. Achei que ele estava distraído com um *e-mail*, portanto fui em frente, mas continuei sendo ignorada. Depois do que pareceram dois minutos completos de constrangimento por eu ter continuado a falar, sem contato visual, ele ergueu a cabeça e disse: "Trezentos e cinquenta. Trezentos e cinquenta gerentes regionais". O fato é que ele não "saiu" do ambiente, mas seu comportamento foi mal-entendido porque eu não tinha ideia do que ele estava fazendo. Houve um impacto em nossa conexão e no andamento de nosso diálogo, tudo por causa de alguns momentos camuflados. Quando a presença ausente ocorre em uma reunião (ou em outro lugar), as pessoas nos veem desaparecer no vazio, sem ter nenhuma ideia do que estamos fazendo... ou de quando vamos voltar.

Nessas situações, e com qualquer aparelho digital, a técnica estupenda que chamamos de "narrativa do celular" opera maravilhas. Narrativa do celular é a ação de descrever em voz alta o que você está fazendo quando usa qualquer dispositivo de tela. É útil para manter o contato humano quando o caminhão de sorvete digital passa. Se você está participando de uma conversa ou reunião e necessita dar total atenção ao seu dispositivo, narre aos colegas o que está fazendo. Informe-os aonde você foi e quando vai voltar. Esse hábito elegante pode ser tão simples quanto dizer: "Preciso dar uma resposta ao meu chefe" ou "Vou dar uma olhada naquele relatório do gerente regional". Sempre que estiver em companhia de outras pessoas, é um hábito maravilhoso narrar descontraidamente o motivo de estar com os olhos na tela.

Como um aparte, o lar é um lugar realmente importante para a narrativa. Em companhia de pessoas queridas, quando pegamos o celular, podemos dizer: "Vou ver qual é o caminho para chegarmos ao lago" antes de pegar um mapa. Ou talvez: "Estou escrevendo para a vovó para contar como foi o nosso almoço" antes de desaparecer. Seus filhos, amigos e parceiros serão poupados da ansiedade da separação que uma pessoa amada — e conectada — pode criar. A técnica traz também um benefício secundário convincente. Força-nos a dizer em voz alta exatamente *por que* pegamos nosso queridinho aparelho digital. Em geral, tentamos narrar e percebemos, desajeitadamente, que pegamos o celular sem nenhum motivo.

Algodão-doce

O humorista Jerry Seinfeld disse que a melhor sensação que você vai ter ao discutir um projeto em Hollywood são os últimos 30 segundos da primeira reunião. É uma antecipação daquele momento divertido de um bater nas costas do outro ao sair pela porta, tudo porque aquelas reuniões são compostas de pessoas que elogiam alguém para conquistá-lo, e dizem umas às outras qualquer coisa que faça o mais poderoso da sala sorrir. E essa é uma situação comum no trabalho. Muitas vezes dizemos palavras que as pessoas querem ouvir, em vez de palavras úteis aos negócios.

Um dos motivos pelos quais as reuniões se arrastam é a tendência que temos de nos perder nessa inutilidade verbal. Preferimos sutilezas à eficiência e elogios ao *feedback* autêntico. Em seguida, adicionamos uma pitada de colaboração e confirmações circulares e infinitas sobre a ação decisiva, produzindo um amontoado de palavras doces e cansativas que, no final, possuem pouca substância. É como fazer algodão-doce

— trefilado do desejo de agradar e de ser agradado, medo do silêncio e falta de autenticidade dentro da equipe. Ou, então, somos muito diretos e desatenciosos, passando por cima dos participantes mais calados. É necessário encontrar um equilíbrio para a realização de boas reuniões.

Se você deseja contribuir com algo em uma reunião e gostaria de evitar tanto a doçura enjoativa e sem sentido quanto seu oposto direto, algumas perguntas poderão mantê-lo no rumo certo. Faça uma pausa estratégica e considere sua contribuição por meio destas lentes úteis:

É bom?
É honesto?
É necessário?

É BOM? Dizem que as reuniões impiedosamente contundentes economizam tempo, mas não trazem benefícios no longo prazo. Deve haver bondade entre os participantes. Permita que o ritmo da reunião seja um pouco mais lento, para ver se você está constrangendo alguém ou ferindo sentimentos. Reflita no desafio criativo de dizer o que deseja com eficiência, civilidade e zelo.

É HONESTO? Esta pergunta elimina grandes quantidades de bajulação e elogios falsos de alto índice glicêmico e pede que sejamos corajosos e digamos apenas o que é verdadeiro. Lembre-se: especificidade e franqueza são extremamente positivas para os negócios. E um pouco de conflito saudável é bom, se for motivado por duas abordagens válidas, ambas focadas no mesmo objetivo.

É NECESSÁRIO? É uma pergunta especialmente útil para quem valoriza tanto a harmonia que se perde em agradar pessoas, em elogios vazios ou preâmbulos nervosos, prejudicando o tempo da equipe. É também excelente se a digressão for seu ponto fraco. Lembre-se desta progressão clássica:

- Só porque algo é bom e honesto não significa que necessita ser dito.
- Só porque algo necessita ser dito não significa que necessita ser dito por você.
- Só porque algo necessita ser dito por você não significa que necessita ser dito naquele momento.

É comum encontrar duas das três perguntas com facilidade — e uma que ponha você à prova de verdade. Personalidades mais resistentes lutam com a bondade. Pessoas menos seguras ou menos simpáticas perdem a autoconfiança diante do precipício da honestidade. As que falam demais quase sempre lutam para discernir o necessário do desnecessário. Ser exímio nas três exige prática, mas seja qual for a categoria na qual você é mais fraco, se usar essa pergunta seguida da pausa natural, suas reuniões serão mais inteligentes.

Reuniões intencionais

As reuniões devem ser a recompensa por nosso trabalho em conjunto após tê-lo realizado individualmente. Devem ser o lugar onde voam faíscas de criação e onde assistimos juntos ao espetáculo deslumbrante. A mistura das táticas de reunião que aprendemos juntos ajudará você a programar somente reuniões adequadas, participar das mais importantes e maximizar o valor de cada minuto em que estão juntos.

Katy Saeger descobriu que incluir intencionalidade em cada reunião faz toda a diferença. Ela é a pessoa que fez de Sua Santidade, o Dalai Lama, um influenciador do Facebook. O caminho para chegar lá foi pura sorte. Depois de um encontro casual com os monges durante uma de suas palestras, ela os impressionou e passou mais de uma década trabalhando com eles em vários projetos.

Pelo fato de ser CEO da aceleradora de negócios Harmonica, Katy estava acostumada a "reuniões rotineiras" que eram, como a maioria, uma bandeja giratória do tipo Lazy Susan de valor improvisado, enfadonho e irregular. Mas os monges e suas reuniões mudaram o modo dela de encarar o assunto. As conversas por telefone com os mosteiros eram extremamente complicadas, porque eles não conseguiam manter conversas importantes e sessões de planejamento a distância. Cada vez que havia um assunto importante a ser discutido, Katy pegava um avião da Califórnia até a Índia para ter uma reunião pessoal sobre tal assunto.

Para um projeto com Sua Santidade, ela viajou oito vezes, ida e volta, uma reunião por vez. A cada chegada, o protocolo era o mesmo: intenção e presença. Não havia horário definido para as reuniões. Na verdade, na maioria das vezes ela não tinha sequer uma reserva para o voo de volta. As reuniões eram programadas entre um período de dias e, no momento certo, eles seriam recebidos pelos monges ou por Sua Santidade. Até lá, permaneciam sentados, pensando, planejando e se preparando.

Quando chegava a hora da reunião, a intencionalidade intensificava-se ainda mais. *Traje*. Qual seria o traje certo a ser usado? *Ritmo*. Como posso acompanhar o ritmo do tradutor sem perder o fio da meada? *Escolha das palavras*. Tudo simplificado para clareza e entendimento mútuo. O senso de cuidado e foco durante as reuniões era ainda mais palpável, e Katy se lembra de cada reunião como mundos à parte de qualquer coisa que ela tivesse experimentado.

Depois de muitos sucessos alcançados esplendidamente, Katy guardou dentro de si esses sentimentos de profunda presença e determinação. Segundo Katy, ela estaria mentindo se dissesse que esses sentimentos a acompanharam durante todas as reuniões desde aquela época, mas a experiência forneceu-lhe um modelo de profunda intencionalidade. Sempre que possível, ela encoraja sua equipe a pensar nesses mesmos meios de acesso à intenção. Qual é o maior propósito desta reunião? Qual é a minha contribuição? Como estou me comportando em favor do benefício mútuo de todos?

PARE UM MINUTO PARA PENSAR... EM PREPARAR REUNIÕES MELHORES

LEMBRE-SE:

- Conscientizar-se do tédio sem muita conversa digital para emudecê-lo ajudará você a saber se está no estado de "Eu não devia estar aqui".
- Ser cauteloso a respeito do processo de convites para reuniões de ambos os lados — convidar e aceitar — acrescenta horas sem reunião ao seu dia.
- "Tempo no corredor" é o espaço programado entre as reuniões, que cria pausas para digerir, refrescar ou preparar.
- Quando está interagindo com seus aparelhos digitais, você pode evitar a "presença ausente" usando a narrativa do celular para informar aos outros o que está fazendo.
- Quando fizer comentários em uma reunião ou contribuir com alguma ideia, pergunte a si mesmo: É bom? É honesto? É necessário?

PERGUNTE A SI MESMO:

- "Do que exatamente tenho medo quando penso em recusar um convite para uma reunião?"

10

A EQUIPE DO ESPAÇO EM BRANCO

CRIANDO NOVAS NORMAS EM CONJUNTO

SOZINHOS E EM CONJUNTO PODEMOS DEFINIR O MODO COMO TRABALHAMOS.

Neste ponto de sua jornada no espaço em branco, você provavelmente percebe que há mais opções do que imaginava. Viu como pode deixar de acreditar na cultura da insaciabilidade. Começou a pôr em prática os princípios do caminho do espaço em branco e as ferramentas que pode usar nos cantos e recantos mais complexos do trabalho. Talvez agora você não precise largar seu emprego, com raiva, para ser pescador de caranguejos. Antes que você comece a ter dúvidas, será que existe alguma coisa a mais que eu possa fazer para consolidar esses conceitos de forma viável e permanente de trabalho? Existe. Você precisa criar uma *norma*.

Norma é definida como um padrão oficial ou um princípio de ação que vincula os membros de um grupo. Se você e sua equipe tiram férias sem uma sequência lógica, é provável que seja uma *norma* da empresa. Se você confia em todos em sua organização, é provável que seja *norma* da empresa falar com extrema sinceridade e ser responsável. Quando tudo corre normalmente, é fácil ir em frente porque o atrito é reduzido. Você pode ter uma norma só para si, mas são as normas compartilhadas que o colocam na esteira rolante do sucesso sustentável. Você pode criar uma norma entre você e um sócio, entre você e sua família, entre você e uma equipe pequena ou compartilhada por uma empresa de grande porte.

As normas ajudam-nos a entender uma das palavras mais nebulosas relacionadas ao trabalho — *cultura*. A cultura é nebulosa e flutuante, e é onde mora a receita secreta do molho. A cultura exige que consultores, tabuleiros ouija e definições de missão chamem-na para fora do nevoeiro. Quando a cultura é finalmente expressa em palavras, elas ficam muitas vezes acumulando pó em vez de criar vida.

Não é tão complicado. Se você pegar todas as normas que existem e juntá-las, essa é a sua cultura. Normas em torno de comunicação, urgência, desperdício, tempo de folga, reuniões, *e-mail* e ponderação — cada área contém normas. Emende-as com agulha e linha e você terá uma colcha de cultura. Criar normas é um processo que pode acontecer por acidente, mas agora vamos mostrar a você como criá-las de propósito.

Por que ter companhia é importante

Vamos ser claros. Seu espaço em branco pertence a você. Seja quem for que participe com você nesse esforço, ele é seu. Não importa se seu chefe, sua equipe ou sua empresa compartilhe ou não do seu desejo de recuperar o controle do tempo. Se você trabalha sozinho, com outras pessoas ou não trabalha, sua capacidade de fazer uma pausa é um recurso inesgotável que agora lhe pertence. Nunca mais vai precisar de permissão para separar um minuto para pensar.

Nunca mais.

Você — só você — pode estar atento aos ladrões do tempo. Você — só você — pode usar as perguntas simplificadoras para fazer uma pausa redutora e eliminar as tarefas pendentes do dia; controlar sua supermotivação, seu perfeccionismo, sua sobrecarga de informações e sua agitação. Na verdade, a maioria das técnicas que você aprendeu vai ajudá-lo durante seu trabalho antes de recrutar um único aliado. Mas é melhor usar o espaço em branco em conjunto. Quando você põe em prática o espaço em branco na companhia de outras pessoas, fica incrivelmente mais fácil apoiar e manter.

Leslie Perlow, uma etnógrafa que estuda mudanças nos locais de trabalho, diz que mudanças "não giram em torno de ações, mas de interações".[1] Ela mostrou conclusivamente esse truísmo por meio de dois estudos realizados com pessoas extremamente atarefadas do Boston Consulting Group.[2] Um grupo estabeleceu uma meta coletiva para cada pessoa ter uma noite de folga por semana. A experiência "Tempo de Folga Previsível" (PTO)[3] contou com o compromisso da equipe de alternar as noites nas quais uma pessoa estaria totalmente desligada do trabalho e dos aparelhos sem fio.

Foi uma coalizão de apoio que fez a diferença.

Quando a noite de folga de alguém coincidia com uma tarefa pesada de preparar a entrega para um cliente importante, os outros se reuniam para realizar o trabalho. Os clientes mais exigentes eram atendidos perfeitamente, enquanto os seres humanos se revezavam para o descanso recuperador. Mas somente se trabalhassem *juntos*. Eles desafiavam suposições e compartilhavam comprometimento. Logo depois de ser testado e solidificado, o modelo foi difundido com sucesso. Passou de dez equipes para 2 mil equipes, até alcançar toda a comunidade BCG em 35 países. Perlow diz: "Não se trata de você controlar sua equipe e eu controlar meu tempo. Trata-se de um tempo que pertence a todos".

Portanto, se seu melhor amigo, chefe, equipe, sócio ou colega de trabalho analisar esses princípios com você, o reforço mútuo lhe trará benefícios à medida que você praticar essa nova forma de trabalho. Vai pescar atum e *krill* em boa companhia no barco. Vocês serão a caixa de ressonância um

1 What Is the Negativity Bias and How Can It Be Overcome? **PositivePsychology.com**, 1 set. 2020. Disponível em: https://positivepsychology.com/3-steps-negativity-bias/.

2 Perlow, Leslie. Thriving in an Overconnected World. **TED**. Disponível em: https://www.ted.com/talks/leslie_perlow_thriving_in_an_overconnected_world. Acesso em: 6 jan. 2021.

3 Sigla em inglês de Predictable Time Off. [N. do T.]

do outro para definir os limites do espaço em branco — e vão proporcionar tranquilidade e permissão. E ainda vão chegar mais longe com mais rapidez.

É semelhante aos ciclistas que competem na estrada e usam a técnica da aerodinâmica chamada força de arrasto. O movimento do ciclista líder através do ar cria uma área de baixa pressão que realmente puxa o segundo ciclista. Enquanto os ciclistas líderes pedalam com mais força, vemos com surpresa que, por ter aquela contracorrente atrás de si, a *performance* do líder também melhora. Duas pessoas que estão usando a força de arrasto cobrem a mesma distância, gastando menos energia do que as duas que não estão usando a força de arrasto.

Sem um amigo ou uma equipe, ter um alto desempenho em qualquer coisa é mais difícil e ganhar impulso é incerto. Imagine se você morasse em uma cidade onde não houvesse reciclagem. Como seria difícil começar sua rotina diária sem nenhum recipiente para depositar o lixo, sem horários designados para recolhê-lo e nenhum amigo ou uma pessoa estranha para compartilhar seus objetivos! Seria uma caminhada difícil. Você poderia elaborar um plano para envolver a vizinhança, a começar pelas pessoas mais próximas de você. Poderia mostrar um documentário relevante a seu cônjuge, com a proporção perfeita de culpa e inspiração; se ele ou ela gostasse da ideia, mostraria às crianças. Aos poucos, você recrutaria outros pais e vizinhos. Possivelmente seu próximo passo seria falar com o conselho de sua cidade sobre separação do lixo para a coleta. Com o tempo, quanto mais companhia você conseguisse, mais leve seria seu fardo.

Esse é o caminho que você vai seguir agora, se o escolher para compartilhar o mundo do espaço em branco nos mesmos círculos concêntricos, partindo de você para outra pessoa e depois para uma pequena equipe e para fora, desenvolvendo aos poucos uma nova norma. Algumas pessoas se sentem apoiadas tendo apenas um amigo do espaço em branco, outras querem uma equipe de espaço em branco e outras querem uma revolução.

A seguir há algumas táticas de apoio que usamos ao lançar nossas iniciativas de treinamento e ao trabalhar com clientes que desejam desenvolver novas normas. Elas o ajudarão a chegar ao destino com mais facilidade em menos tempo. Para aqueles que trabalham em empresas de grande porte, seus obstáculos serão únicos. No *site* <aminutetothink.com>, aprendemos muitas lições sobre como levar ideias adiante em nível empresarial e como compartilhá-las.

Comece com você

O primeiro passo, seja qual for o tamanho de sua organização, é dedicar-se ardentemente à busca do espaço em branco em seu trabalho e em sua esfera de influência. Use as ferramentas e estratégias deste livro para varrer a calçada na frente de sua casa antes de entregar uma vassoura ao vizinho. Se continua a enviar convites para reuniões sem sentido, a interromper os outros o dia inteiro e a redigir *e-mails* de 400 palavras, você não vai ser um exemplo magnético.

Quando terminar a leitura deste livro, releia os resumos "Pare um minuto para pensar", no fim de cada capítulo, e extraia as palavras e ideias que aprendeu. Anote os usos da pausa estratégica que realmente repercutiram em você e escolha alguns para aplicar em sua vida nas próximas semanas. Muitas pessoas começam apenas e unicamente com a Fatia. Algumas gostam de focar em uma área sensível específica, como *e-mails* e reuniões. E outras começam em casa, um assunto que abordaremos no capítulo seguinte. Escolha aquilo que mais o influenciou e coloque-o em ação.

À medida que vai tendo experiências — como sua mente, corpo e coração recebem o oxigênio profissional que tanto anseiam —, você fica feliz e cheio de energia. Se você se dedicar inteiramente, a calma que está nascendo dentro de você vai deixar os outros intrigados, e as pessoas ao seu redor ficarão curiosas para saber o que precisam fazer para conseguir a mesma evolução. E então você pode começar a incluí-las gentilmente na conversa.

Fale a língua dos outros

Para envolver as pessoas e avançar em direção à nova norma, você vai ter de compartilhar o que está descobrindo de uma forma que os outros possam ouvir. Vai precisar aprender as linguagens do amor. Não as linguagens românticas do livro de autoajuda, de Gary Chapman. Estou falando da variedade no trabalho. Cada pessoa com a qual você trabalha, ou para a qual trabalha, tem um determinado canal para receber informações que se alinham com o que lhe interessa. Se você apresentar o espaço em branco na frequência certa, vai pular muitas etapas do processo de envolver outras pessoas. São as três "linguagens" principais com as quais a maioria dos profissionais se sintoniza: finanças, pessoas ou ideias. Muitos de nós nos preocupamos com todas, mas em geral uma é dominante.

Os primeiros são os "caras das finanças", que passam três meses de cabeça baixa elaborando a próxima meta, sem pensar em coisas mais suaves como recuperação e reflexão. As planilhas, os retornos de investimentos e os cortes nos custos os fazem ficar acordados à noite. Há uma tendência de considerar vilões esses caras que "só pensam em dólares", mas conseguir dinheiro — e mantê-lo — é o principal objetivo de uma empresa. Sem a vigilância dos caras das finanças, os sonhadores não teriam nenhuma segurança. Quando quiser recrutá-los, não use palavras como "estresse", "bem-estar" ou "equilíbrio". Crie uma conversa sobre espaço em branco com foco na quantificação, no fluxo de trabalho melhorado e na natureza ilógica de pagar pessoas para fazerem trabalhos desnecessários.

As "pessoas que amam pessoas" são humanistas, incentivadoras, ursinhos de pelúcia. Na competição de equilíbrio entre vida profissional e pessoal, elas tendem pela "vida em equipe". Mantêm uma prioridade apaixonada de que elas próprias e as pessoas com quem trabalham se sintam bem, gostem do lugar onde trabalham e progridam, sim, holisticamente. Atraia o desejo que elas têm do espaço em branco destacando os temas de sanidade e humanidade que aparecem em um ambiente movido a espaço em branco.

O número de "amantes de ideias" é menor, mas eles estão entre os mais animados. São apaixonados por inovações, patentes, reestruturação de produtos e soluções que escapam das mãos porque as equipes se concentram em coisas erradas. As pessoas inspiradas pela musa da inovação profissional são atraídas ao espaço em branco como um catalisador — o oxigênio para alimentar o fogo criativo.

Além de usar a linguagem correta, é importante ligar as conversas sobre espaço em branco aos planos ou interesses da pessoa. Antes de iniciar uma conversa importante para você, que poderia transformar-se em um bloco de construção em sua nova norma, faça uma pausa estratégica e prepare-se. Pergunte a si mesmo: Essa pessoa já está entusiasmada com outra coisa que o espaço em branco possa enriquecer? (Qual é o fogo que ela deseja que o oxigênio alimente?) Se ela tem uma paixão ou implicância, ou é um líder focado em uma certa iniciativa, use esse tópico para iniciar a conversa.

Digamos que a pessoa que você deseja recrutar reclame o tempo todo das reuniões consecutivas. Apresente o espaço em branco como apoio perfeito para *esse* objetivo. Explique como conceitos acessíveis como "tempo no corredor" ou "Eu não devia estar aqui" podem influenciar significativamente o comportamento. Se alguém fizer parte de um comitê para colocar sua empresa na lista dos "Melhores Lugares para Trabalhar", apresente o espaço em branco como apoio perfeito para *esse* objetivo. Explique como ele pode ajudar a criar um ambiente de estímulo atraente no qual o trabalho significativo tem espaço para acontecer. Se um líder está focado em maneiras mais criativas para o pessoal de vendas se aproximar dos clientes, apresente o espaço em branco como apoio perfeito para *esse* objetivo. Ressalte como a pausa estratégica proporciona mais tempo ao pessoal de vendas para criar empatia com os clientes, estar mais presente e trabalhar em uma proposta de valor atraente.

Por último, mantenha as palavras "normas" e "cultura" no bolso traseiro — inicialmente. A palavra "normas" pode parecer desinteressante e desconhecida, e "cultura" é o alicerce da casa, que não muda acidentalmente. A mudança de cultura exige normalmente adesão à ideia em vários níveis, e às vezes é necessário investir muito dinheiro. Qual é a alternativa a essas duas palavras? Apresento-lhe a *Mentalidade*, a prima descontraída da Cultura que costuma usar chinelos. Falar sobre mudança de mentalidade é casual, acessível e possível. Fale sobre isso o dia inteiro.

Fale sobre o "como"

Nas escaladas em rochas, uma das frases comuns que você ouve os treinadores gritando para os principiantes em ação é: "Confie em seus pés". Os treinadores sabem que as sapatilhas de alpinismo são feitas de compostos de borracha meticulosamente testados que aumentam a aderência — ou a capacidade de se amoldarem em torno de saliências pouco visíveis na face da rocha. Esse calçado pequeno e delicado pode sustentar você melhor do que seu medo é capaz de admitir. Mas ouvir: "Confie em seus pés. Confie em seus pés", quando você está pendurado a mais de 30 metros de altura em uma parede de granito, agarrando-a apenas com as unhas, não direciona a uma *ação* específica.

Alguns treinadores de alpinismo usam a "sapatilha vazia" como demonstração, o que faz toda a diferença. Pegam a sapatilha de alpinismo e pressionam-na contra a face da rocha em uma altura que todos podem ver, demonstrando a diferença entre calçá-las com os dedos dos pés esticados *versus* pressionar em ângulo, com as pernas viradas como uma bailarina. As especificações transmitem confiança às pessoas e as leva a um nível mais alto de destreza. Em seguida os aprendizes escalam, praticam e aperfeiçoam a técnica.

Muitos defensores do espaço em branco que tentam encontrar pessoas com a mesma ideia acreditam nos princípios e benefícios subjacentes do espaço em branco — eficiência, consideração, clareza —, mas, como ocorre com os treinadores de alpinismo menos eficientes, se esquecem de falar sobre o *como*. Em suas conversas, você se sairá melhor se focar em algumas práticas específicas. Comece com suas ferramentas e conceitos favoritos que tornam o espaço em branco viável para você, e compartilhe-os como se fossem amostras de um doce delicioso, permitindo que as pessoas conheçam as técnicas a fundo em vez de comprar a filosofia no atacado.

Foi o que David Peckinpaugh, presidente da Maritz Global Events, fez.

David é um líder com quem adoro trabalhar, e não são apenas suas botas de couro de cobra que o diferenciam. Seu coração é transbordante. Usando os conceitos de espaço em branco em torno de habilidades específicas, ele e sua equipe de RH tiveram muito sucesso. Quando apresentaram o espaço em branco a seus 1.200 profissionais de eventos extremamente atarefados, eles usaram uma série simples de webinários para mostrar três ferramentas específicas com as quais seu pessoal poderia começar: Perguntas Simplificadoras, Lista Amarela e evitar *e-mails* de uma só palavra.

O conceito do espaço em branco espalhou-se de forma lenta e orgânica na Maritz, pousando mais robustamente em um grupo ao qual David deu o nome de Campeões do Espaço em Branco, que apoiou e difundiu (dica de conformação positiva) os conceitos gerais da mentalidade de fazer uma pausa e ser redutor. Chegaram a produzir lindas garrafas d'água para a organização com estes dizeres: "Tome um gole de espaço em branco".

A prática individual de David também se concentra em algumas ferramentas especiais, como programar pausas construtivas curtas para segmentos de meia hora por dia. Desta vez ele se compromete a focar em inovação, pensamento criativo e estratégia para negócios. David diz que sua pontuação nas rebatidas de beisebol está em torno de 700 — não a pontuação perfeita, 1.000, que ainda é seu objetivo, mas ele está profundamente comprometido com o hábito de longo prazo. Por que não haveria motivo para David não estar comprometido se ele vê que esses espaços de tempo têm fortalecido seu pensamento, afetado sua estratégia de crescimento no longo prazo e aguçado o processo de planejamento da empresa como resultado?

Prezado líder

Quando meu pai entrevistava as crianças para o *Candid Camera*, a parte favorita de seu trabalho, ele tinha de enfrentar um desafio:[4] Como vencer rapidamente o temor de uma criança pequena diante de um adulto de grande estatura e desconhecido? Para conseguir isso, ele acendia um fósforo e fingia ter dificuldade em apagá-lo. Equilibrando-se na beirada de uma cadeirinha especial para alunos da pré-escola, ele soprava o fósforo várias vezes com gestos teatrais exagerados e depois se virava para a criança e perguntava: "Você pode me ajudar?". E elas ajudavam. Momentos depois, meu pai e seu novo amiguinho estavam conversando sobre os anjos da guarda, as maravilhas do espaguete, dinheiro e muitos outros assuntos atraentes.

[4] Funt, Juliet. Candid Camera Episode — Little Juliet with Alan Funt. **Vimeo**, jan. 2019. Disponível em: https://vimeo.com/265114714/1021bd480b.

O espaço que meu pai estava fechando é chamado de "distância do poder", um conceito desenvolvido pelo professor Geert Hofstede.[5] Esse fenômeno pode fazer que as pessoas evitem as que são mais poderosas ou cedam a elas e, com isso, fechem os canais de comunicação genuínos. Quando pedia ajuda, meu pai eliminava a distância do poder e abria uma porta para aproximar-se de cada criança que soprava o fósforo.

Se você lidera pelo menos umas poucas pessoas, esta parte lhe interessa. Para desenvolver a proximidade necessária para formar uma equipe de espaço em branco, você vai precisar usar a mesma dinâmica assimétrica de meu pai. Vai precisar pedir ajuda, desistir de ter todas as respostas e reunir um amplo espectro de informações para avançar em direção às mudanças que deseja. Converse com as pessoas sobre as necessidades, os desejos e os entusiasmos delas. E faça disso mais que um gesto. Permaneça autenticamente aberto para usar as ideias decorrentes dessas conversas. As sugestões a seguir lhe mostrarão como.

Se você é um executivo sênior e está com este livro nas mãos, seu poder é o maior de todos — e com o grande poder vem a grande responsabilidade. Precisamos de você nesta luta — de você e de sua força sobre-humana. O porquê específico é este. Sentir-se confortável usando o pensamento e a recuperação como ferramenta de negócio é uma transformação exclusivamente baseada em *permissão* — ao contrário de outros tópicos de aprendizado e desenvolvimento profissional. Se você ensinar a uma equipe novas habilidades em conversas difíceis, habilidades para negociar ou técnicas de venda, eles não vão olhar para você primeiro para saber se é seguro tentar. Mas a primeira pausa estratégica deles vai contra tudo o que eles aprenderam em termos de recompensa no trabalho. Eles

[5] **Culture's Consequences:** Comparing Values, Behaviors, Institutions, and Organizations across Nations. Thousand Oaks, CA: Sage, 2001.

necessitam de sua permissão tácita e direta. Adote estes comportamentos para conceder-lhes poder:

QUESTIONE SUAS IDEIAS A RESPEITO DE LIBERDADE DE TEMPO. Os executivos de alto escalão pensam, às vezes, que todos possuem a mesma liberdade que eles — e, portanto, minimizam o problema de encontrar espaço em branco. Dizem coisas mais ou menos assim: "Eu dei uma olhada por cima em meus *e-mails*" (dica: esse líder tem um assistente executivo que faz essa tarefa para ele) ou "Eu tomo uma decisão e vou em frente" (ignorando que decisões rápidas e ousadas podem criar problemas para os outros). A respeito da pausa estratégica, os líderes seniores supõem naturalmente que tempo para pensar faz parte do dia deles. Costumam desenvolver essa ideia inconscientemente, mas esquecem que, em alguns degraus abaixo deles, ter um minuto para pensar é extremamente raro.

FAÇA PERGUNTAS DIRETAS SOBRE O QUE OS AFLIGE: Trabalho é uma coisa difícil; é por isso que se chama trabalho. É verdade, mas a menos que você tenha participado do programa *Chefe espião*,[6] talvez fique chocado e entristecido com o sofrimento que as pessoas toleram dentro de sua empresa, mas fora de seu conhecimento. Converse com suas equipes e descubra o que a palavra *trabalho* significa para elas, inclusive os elementos mais difíceis, para que possa tomar providências a respeito.

ADMITA UMA VULNERABILIDADE PESSOAL. Descubra uma situação em que você ajudou a criar ou a aumentar os problemas de urgência e complexidade e lide com isso da maneira mais humilde e aberta possível. Você envia *e-mails* aos domingos à noite? É um daqueles que nunca tira férias, para deixar todos apavorados? É um daqueles que pede 17 versões de uma

6 *Reality show* americano no qual os diretores executivos se infiltram disfarçadamente em suas empresas para entender o que se passa dentro de algumas áreas de suas organizações. [N. do T.]

apresentação interna quando a versão nove era perfeitamente suficiente? Assuma o controle e veja que tipo de diálogo poderoso pode surgir de sua primeira investida.

Seja um bom exemplo. Um estudo do International Institute Business Analysis (IIBA) de 2016, intitulado *Research and Impact Study*, mostrou que a segunda preocupação dos CEOs, que perturba 86% dos líderes executivos, era "não ter tempo suficiente para pensar estrategicamente". Portanto, aproveite seu espaço em branco. Brinque com ele e exiba-o. A remodelagem do espaço em branco pode apresentar-se de muitas maneiras: assistir a um recital de dança infantil ao meio-dia, encurtar as reuniões nas quais não há mais nada a dizer, compartilhar os resultados de seu tempo para pensar ou trabalhar apenas das 9 às 17 horas. Seria mais ou menos como tirar férias e fazer a seguinte declaração: "Vou sair de férias, o que significa que não vou trabalhar nem verificar *e-mails — de jeito nenhum*". E ser fiel ao que disse. Tome cuidado para que suas palavras combinem com suas ações. Os líderes cujas palavras não combinam com as ações em seu respectivo espaço em branco cometem os seguintes erros que você pode evitar.

- Pedem que as reuniões sejam reduzidas sem cancelar ou encurtar nenhuma de suas reuniões preferidas.
- Querem que você resolva os problemas sozinho, mas controlam tudo minuciosamente.
- Reclamam dos *e-mails*, mas introduzem cinco outros canais de comunicação.
- Sabem que preparar dados exige tempo, mas continuam a pedir toneladas deles.
- Colocam você em programas de desenvolvimento profissional, mas nunca participam de nada.

Conserte a estrada, não o carro. Os líderes compassivos geralmente tentam reduzir a pressão no trabalho proporcionando bem-estar ao pessoal, como sucos de fruta, tapetes de ioga e pedômetros. Esses privilégios focam quatro aspectos da máquina humana: exercício físico, nutrição, psicologia e espiritualidade. Os funcionários são veículos de alto desempenho passando por ajustes. Mas e a estrada? A estrada é o ambiente da empresa e pode, às vezes, ser a última coisa que preocupa os líderes. De fato, algumas vezes o método de "otimizar o ser humano" passa a ser uma desculpa específica para não corrigir a condição mais ampla das coisas. (Já lhes proporcionamos aulas de Pilates!) Repetindo: ao que tudo indica, o trabalho parece difícil e pesado por culpa dos funcionários. Dar atenção a essa tendência ajudará você a evitar o problema.

Seja acessível. Lembra-se do antigo MBWA (Managing by Wandering Around)?[7] Esse conceito baseia-se no fato de que os líderes devem ter um tempo não programado durante o qual observam e ajudam de modo improvisado. A espontaneidade deixou de fazer parte de nossa vida e agora todas as nossas interações tendem a ser programadas. Isso é um problema. Se você está voltando de carro para casa e vê alguém caído na beira da calçada, sua escolha entre encostar no meio-fio e seguir em frente é influenciada pela pressão do tempo que pesou ou não sobre você durante o dia. No trabalho, nossos colegas caem na beira da calçada, mas quase sempre estamos atarefados demais para ajudar. Ou tiramos o pé do acelerador, mas toda a nossa linguagem corporal diz que estamos com pressa para chegar a algum lugar. Quando você adiciona um tempo de folga à sua programação, sempre há tempo para ajudar — e estar verdadeiramente presente nessas horas.

Evite falar como se fosse a única solução. Muitos líderes pensam que já estão abordando o problema de

[7] Sistema de comunicação informal no qual existe contato pessoal entre gestores e colaboradores quando eles saem de seu ambiente de trabalho e interagem com os colaboradores. [N. do T.]

complexidade e sobrecarga de trabalho, mas tudo não passa de *narrativas*. "Digo a eles que parem de enviar cópias para todo mundo." "Digo a eles que não precisam fornecer muitos detalhes nos relatórios." "Pedi que me informem quando há muitas etapas em um processo, para que eu possa ajudar a resolver." Porém, mesmo quando a mensagem vem direto da boca de um supervisor, muitas pessoas não dão atenção a uma ordem que esteja em conflito com as normas culturais ou que não tenha nenhuma estrutura por trás dela. Esses líderes estão falando com o navio, não girando o leme. Para girar o leme, aplique e ensine estruturas específicas e linguagem compartilhada para ser usada em conjunto.

Controle ou cresça, escolha uma das opções. Quando me foi apresentada, essa orientação simples mudou minha vida. Recorro pessoalmente a esse mantra com muita frequência, e sua relevância está sempre se expandindo. No início, ouvi a palavra "cresça" e achei que significava que nossos resultados de primeira linha seriam melhores se eu abrisse mão do controle. Em seguida, vi que reter o controle poderia propiciar crescimento de minha equipe, crescimento de meu espaço em branco e crescimento de minha autodisciplina. O controle é sempre um mecanismo tentador, mas um mecanismo que temos a tendência de protelar.

Prepare seu legado. Chegará o dia em que você não vai mais ser líder. No entanto, não importa se sua carreira foi longa ou curta, você vai deixar um legado atrás de si. Os "vivas" em sua festa de aposentadoria serão baseados nele. Legado é uma história sobre você que ainda será escrita. É uma história para a qual você segura a caneta. Esperamos que você olhe para trás com orgulho por ter transformado o local de trabalho que você dirigiu em um local flexível e espaçoso, com permissão geral para haver sempre um minuto para pensar.

Lembra-se de nossos amigos da Astellas, que lutavam com o ladrão de informação e eram desafiados a estabelecer um equilíbrio entre colaboração e eficiência? Seus líderes nos Estados Unidos dedicaram-se aos princípios do espaço em branco e a recompensa foi significativa. A prática do espaço em branco foi o complemento perfeito para sua cultura detalhada e orientada, permitindo-lhes manter o melhor e questionar o resto. Durante um período de oito meses, eles compartilharam amplamente a filosofia e relataram um novo nível de paz e propósito em todas as equipes envolvidas. Transformando a expressão em verbo, eles "espaçaram em branco" tudo.

O uso que fizeram da comunicação 2D *versus* 3D proporcionou um atalho que tornou o trabalho mais rápido e mais fácil. Houve menos interrupções, melhor preparação, menos cópias nos *e-mails* e uma vida sem a correria e o alvoroço das notificações. Tudo foi executado com alto senso de confiança porque seus líderes caminhavam ao lado das equipes à medida que elas mudavam. Quando alguém lançava uma ideia ousada de melhoria, ela era prefaciada com: "No espírito do espaço em branco...". Ao fazer uma retrospectiva, uma das executivas que deu impulso à introdução inicial do conceito diz que tudo gira em torno de dar permissão e, em suas belas palavras, "graça".

Tenha paciência

Ao praticar a paciência, seja infinitamente paciente consigo mesmo. Se você soubesse quantas vezes eu caio nessa armadilha e saio dela, isso o ajudaria a aumentar sua dose de amor-próprio ao cometer o mesmo erro. Você terá também de ser paciente quando recrutar outras pessoas e desenvolver novas normas. Pode ser que demore um pouco para que alguém comece a seguir seu ritmo.

Há uma ilustração clássica de quanto tempo demora para se conseguir apoio mútuo em um vídeo famoso do YouTube intitulado *Sasquatch! Music Festival 2009*. Um rapaz magro e sem camisa começa a dançar e a rebolar de modo desenfreado demais, deixando transparecer falta de compostura social em vez de admiração. Mas é também muito bonito, porque ele está completamente apaixonado pelo que faz. Em seguida, aparece o primeiro que deseja acompanhá-lo, imitando os movimentos corporais dele. Em uma progressão arrebatadora que se move inesperadamente, mais e mais pessoas passam a fazer-lhe companhia, criando, por fim, um estupendo delírio de abandono. É um exemplo inspirador de influenciar outras pessoas por meio da atração e não da promoção.

Em uma TED talk[8] realizada por Derek Sivers que viralizou em quase todos os usos públicos desse vídeo, o homem dança sozinho durante 21 segundos antes da entrada do primeiro discípulo dedicado.[9] Descobri o vídeo original não editado e vi que nosso "herói do rebolado" dança sozinho durante *cinco minutos*. Algumas pessoas dançam um pouco com ele e vão embora, mas sua dedicação imperturbável continua e no momento certo ele encontra os companheiros de dança.

Talvez você também esteja sozinho por mais tempo do que deseja. Talvez haja pessoas andando ao seu redor testando suas premissas, para depois irem embora, mas creio que seu pessoal virá e dançará com você — como aconteceu com Tara Barbieri, hoje vice-presidente de Orquestração de Serviços na CDW, uma empresa de serviços de tecnologia. Tara ama a empresa na qual trabalha. Sente orgulho de seus produtos e da integridade demonstrada durante o furacão Sandy, quando a CDW lotou um *trailer* com *notebooks*, roteadores e *switches* e os enviou durante a noite para reabastecer os equipamentos de serviços de emergência. Mas, no dia a dia, ela estava atarefada o tempo todo.

8 TED talks são palestras realizadas por pessoas de diferentes áreas, com o objetivo de disseminar ideias. TED é a sigla de Tecnologia, Entretenimento e Design. [N. do T.]

9 How to Start a Movement. **TED**, fev. 2010. Disponível em: https://www.ted.com/talks/derek_sivers_how_to_start_a_movement.

Quando foi apresentada para trabalhar conosco em 2014 como diretora, Tara queria que o espaço em branco fizesse parte de sua equipe de organização, mas não conseguiu que fosse aprovado como programa formal. Com determinação, ela começou a usar a pausa estratégica por conta própria, mas estava dançando sem um parceiro. Seis anos depois, em 2020, sua equipe começou a usar amplamente essas ferramentas e finalmente ela se viu entre centenas de convertidos ao espaço em branco.

Como Tara conseguiu isso? Na época, ela liderava uma equipe de cerca de 60 pessoas. Ela explica: "Eu adotava as práticas de microações e esperava alguém dizer: 'Ei! Isso é legal. Como funciona?'". Tara programou o tempo no corredor entre as reuniões e atraiu a atenção das pessoas com pequenas fatias de espaço em branco inesperado. E ajudou outras pessoas dando dicas de urgência no espaço reservado a "Assunto" nos *e-mails*, para que soubessem o que ela necessitava e qual era o prazo. E funcionou. As pessoas ficaram curiosas e, aos poucos, as práticas começaram a se espalhar.

Em seguida, ela mudou a chefia e encontrou seu primeiro convertido, um homem um pouco mais velho e com autoridade na empresa toda. Andy Eccles estava lutando contra as "quantidades vergonhosas" de desperdício na empresa, mas não explicava com clareza como reduzi-lo. Pessoalmente, ele também necessitava muito de oxigênio. Desde os 19 anos de idade, ele havia trabalhado em todos os períodos de hora extra designados pela empresa, o que o conduziu ao sucesso, mas também o deixou isolado, porque as amizades se tornaram superficiais para acompanhar seu trabalho.

As ideias de Andy batiam com as ideias de Tara. A aliança entre eles foi o ponto crítico. Aos poucos, suas equipes começaram a mudar o modo como trabalhavam juntas. Usaram os princípios do espaço em branco para atingir um "ponto ideal de comunicação", no qual os colegas eram informados, mas não sobrecarregados. As equipes descobriram meios de moderar o senso de urgência constante. Reduziram o desperdício e aumentaram a permissão para reflexão em todas as áreas da empresa.

A cereja do bolo foi uma pesquisa realizada pela Willis Towers Watson em toda a empresa sobre o engajamento dos funcionários. Os resultados das equipes de Tara e Andy foram tão espetaculares que eles não conseguiram descobrir qual seria o próximo trabalho. É evidente que a vitalidade de uma equipe saudável se origina de muitas fontes, mas Tara diz que o espaço em branco foi definitivamente a causa daquela vitória. E Andy relata que recuperou seus fins de semana de uma forma que jamais esperava.

O mapa 4 para uma empresa com espaços em branco

Sozinho ou em conjunto, em pares ou em equipes, é possível percorrer a estrada para recuperar a criatividade, conquistar negócios e entregar o melhor trabalho. Se você se dedicar a esse processo, poderá, aos poucos, criar uma coalizão que se aproxime dos valores que são as marcas principais de uma organização com espaços em branco: controle do impulso, limites, concisão radical, introspecção, significado, liberdade criativa, equilíbrio e facilidade. Seu plano será simples, mas não fácil, e deve incluir os seguintes princípios:

Coloque sua casa em ordem. Comece a usar as ferramentas e os métodos do espaço em branco para melhorar o andamento de seu trabalho.

Envolva outras pessoas com sabedoria. Converse com outras pessoas que levem em consideração a linguagem do amor profissional do ouvinte (dinheiro, pessoas ou ideias). Amarre o espaço em branco às paixões que elas já possuem e fale como mudar a mentalidade, não a cultura.

Compartilhe detalhes que despertem interesse. Encontre suas ferramentas, estratégias e estruturas favoritas e coloque-as para uso experimental em conjunto.

Seja um líder do espaço em branco. Seja qual for o número de pessoas que você lidera, passe um bom tempo entendendo por que seu exemplo, abordagem e dedicação a respeito do espaço em branco são fundamentais para a transformação de sua organização.

Tenha paciência. Mergulhe nesse trabalho sabendo que ainda estamos bem no início da conversa de transformar o mundo em direção à reflexão. Reduza suas expectativas de prazo e aprecie pequenas vitórias à medida que seu grupo evolui organicamente.

Brilhe, brilhe, brilhe

Muitos trabalhadores vivem em estado constante de angústia pelo que o trabalho é — louco, tenso, pressionado, apressado e às vezes até sem esperança. Esse sentimento causa um impacto profundo nos seres humanos e cria uma escuridão psicológica. Talvez os primeiros raios de sol venham de você.

Para entender, acompanhe-me a um vale pitoresco da Noruega onde fica a cidade de Rjukan, situada entre montes colossais cujos picos chegam a quase 2 mil metros acima do nível do mar, impedindo que a cidade receba os raios do sol durante seis meses de cada ano. Hoje, porém, não é mais assim em razão de três espelhos gigantes, comandados por uma central de computadores e instalados no alto do monte, que refletem a luz solar nessa comunidade com baixos níveis de vitamina D. O Projeto Espelho Solar[10] foi idealizado quase cem

[10] Henley, Jon. Rjukan Sun: The Norwegian Town That Does It with Mirrors. **Guardian**, 6 nov. 2013. Disponível em: https://www.theguardian.com/world/2013/nov/06/rjukan-sun-norway-town-mirrors. Geddes, Linda. The Dark Town That Built a Giant

anos antes de ter sido criado por um contador local, Oscar Kittilsen, que esperava que a cidade pudesse "captar a luz do sol e depois espalhá-la como um farol sobre a cidade e seus alegres habitantes".

No entanto, os moradores da cidade tiveram de esperar para que a tecnologia chegasse até eles. Quando chegou, em um dia muito especial de 2013, uma área de quase 170 metros quadrados no centro da cidade foi iluminada pela primeira vez no auge do inverno. Uma banda local tocou "Deixe a luz do sol entrar", enquanto os idosos e as crianças da cidade se acomodavam em bancos recém-instalados, para receber a luz solar. Uma balconista, Silje Johansen, disse com um sorriso radiante: "Espetacular. Simplesmente espetacular".

Sei que alguns de vocês trabalham em empresas de grande porte, complicadas e, para dizer a verdade, um pouco disfuncionais. Você deve estar pensando: "Como uma pobre criatura como eu pode promover uma mudança aqui?". Ou talvez você trabalhe em uma pequena empresa familiar igualmente ligada a métodos de trabalho ultrapassados e sem lógica. Essas comunidades vivem no escuro há muito tempo. Mas o espaço em branco que você pratica tem a capacidade de ser o primeiro raio de luz, o primeiro grande espelho que vai resplandecer o calor da lógica e da calma na praça da cidade. Talvez primeiro para você, depois para um colega, para cinco e depois para cem.

Brilhe, meu amigo.

Mirror to Deflect the Sun. **BBC Future**, 14 mar. 2017. Disponível em: https://www.bbc.com/future/article/20170314-the-town-that-built-a-mirror-to-catch-the-sun.

PARE UM MINUTO PARA PENSAR... NA EQUIPE DO ESPAÇO EM BRANCO

LEMBRE-SE:

- "Norma" é padrão oficial ou um princípio de ação que vincula os membros de um grupo. "Cultura" refere-se a todas as normas de sua empresa colocadas juntas.
- Você pode tomar medidas para liberar a equipe e a organização começando por você e pelos aspectos de sua vida e de seu trabalho que é capaz de controlar.
- Compartilhar com os outros o modo como você implementa uma nova prática qualquer a torna interessante, concreta e viável.
- Se você é líder, é importante ser exemplo desses princípios para todos ao seu redor.
- A paciência é uma ferramenta importante. Desperta a curiosidade dos outros e eles começam a adotar suas próprias mudanças — pequenas e maiores.

PERGUNTE A SI MESMO:

- "Quem é a pessoa que realmente 'entende isto', para que eu possa recrutá-la em minha jornada do espaço em branco?"

11

A VIDA LONGE DO TRABALHO

NÃO PERCA O PASSEIO

APROVEITE O QUE REALMENTE IMPORTA HOJE — E SOMENTE HOJE — EM SUA VIDA, SUA ÚNICA VIDA.

Não nos submetemos a uma cirurgia Lasik[1] para trabalhar, e continuamos míopes para enxergar outras coisas. Assim que aprendemos a ver o mundo através das lentes do espaço em branco, aquele ajuste radical em nossa visão nos acompanha por onde formos. Meu sonho é que o espaço em branco, em toda a sua glória, passe a ser um ingrediente de extrema importância em sua vida pessoal, na vida de seus filhos, na maneira como você faz escolhas todos os dias.

O elemento ausente de oxigênio, quando perfeitamente entendido, dá-nos o tempo no qual podemos registrar os pequeninos, viscerais e magníficos detalhes da vida. Uma ducha após uma malhação exaustiva, uma gargalhada com um amigo, a sensação agradável do calor de um bom uísque, a chuva caindo no telhado ou um abraço apertado e demorado — seu espaço em branco grava essas alegrias na memória e ajuda você a curti-las. A correria pode fazer você perder tudo isso. A correria faz você continuar remando na superfície da água em vez de mergulhar para ver o peixe-papagaio ou o coral-mole.

Václav Havel chama o trabalho dos tempos modernos de "um substituto desesperado do viver". Em minhas experiências, conheço muitas pessoas com um refrão silencioso, porém contínuo, ecoando no subconsciente: "Eu trabalho tanto, por que não me sinto mais satisfeito?". "Organizei três empresas

1 Procedimento indicado para a correção de miopia, astigmatismo e hipermetropia. [N. do T.]

e faço parte do conselho de quatro; por que não me orgulho disso?". Talvez seja impossível sentir contentamento em uma dieta que consiste apenas de realização profissional.

Bronnie Ware, enfermeira australiana especializada em cuidados paliativos,[2] adquiriu fama por seus cativantes escritos e pelo livro *The Top Five Regrets of the Dying*[3] sobre seus pacientes nas doze semanas finais de vida. Apesar de amplamente publicada, sua lista não pode ser compartilhada com frequência. Se não fosse tão dolorosa, sua mensagem deveria ser colocada na porta de cada geladeira e no espelho do banheiro para que todas as pessoas deste planeta a relessem diariamente. Os cinco principais arrependimentos que as pessoas têm antes de morrer são:

1. Gostaria de ter tido coragem de viver uma vida fiel a mim mesmo, não a vida que os outros esperavam que eu vivesse.
2. Gostaria de não ter trabalhado tanto.
3. Gostaria de ter tido coragem de expressar meus sentimentos.
3. Gostaria de ter mantido contato com meus amigos.
4. Gostaria de ter me permitido ser mais feliz.

Ware escreve que seus pacientes tinham uma exagerada quantidade de *insights* perceptivos nos últimos dias de vida e ressalta o fato de que o segundo arrependimento era, de fato, o arrependimento número um de todos os pacientes do sexo masculino: "Gostaria de não ter trabalhado tanto".

Algumas pessoas têm sorte e sabedoria e mudam antes de sentir esses arrependimentos. Foi o caso de Brian Benedik, um executivo rápido e dinâmico da Spotify na época em que

[2] Bronnie Ware. **Bronnie Ware**. Disponível em: https://bronnieware.com/blog/regrets-of-the-dying/.

[3] **Antes de partir:** os 5 principais arrependimentos que as pessoas têm antes de morrer. São Paulo: Geração Editorial, 2012. [N. do T.]

nos conhecemos. Na tentativa de alcançar seus objetivos dinâmicos, ele começou a sentir não apenas o estresse físico e a pressão do trabalho, mas também uma boa distância dele próprio. Decidiu, então, fazer uma coisa impetuosa e louca. Uma coisa totalmente europeia. Tirou folga durante todo o mês de agosto. O mês inteiro. Interrompeu projetos e *e-mails*, escolheu um substituto para administrar sua equipe de 500 pessoas ao redor do mundo e instalou-se em um chalé na praia com a esposa, um filho adulto e duas filhas. *Espaço em branco pleno*. Andou a pé, conversou e contou-me que sentiu uma espécie de rejuvenescimento e uma aproximação com os filhos que não queria que acabasse.

O ato de criar algo é empolgante — um produto, uma empresa, um serviço. O trabalho pode ser prazeroso e honradamente gratificante. Proporciona-me um prazer espetacular. Mas o trabalho sempre vence, se permitirmos. O equilíbrio, em algumas empresas, principalmente nas empresas de grande porte, existe só da boca para fora. A realidade que se sente, a verdade que transpira naquelas paredes, é que o trabalho é um jogo no qual marcamos pontos com sacrifício. Qualquer funcionário que pensa mais na empresa que em si mesmo é elogiado.

Aquilo que, de fato, nos faz sentir equilibrados ou desequilibrados é a vibração de cada momento. Mas aqui também o trabalho é "manipulado". A pressão de alto risco do trabalho desperta nossos instintos de preservação, e o trabalho é, claro, uma miscelânea de dopamina. Relembrando uma figura de linguagem que usamos anteriormente — é muito *technicolor*. Em casa, nossas rotinas são quase sempre repetitivas e carecem de pressão galvanizadora — como o olhar atento de um supervisor, que nos mantém alertas. Em casa, quando deixamos de lado o açúcar, a cafeína e os estimulantes digitais, ficamos de repente extremamente cansados. Precisamos dormir durante um mês e, como não podemos fazer isso, tropeçamos mais uma vez na máquina de lavar louça vazia enquanto damos uma olhada por cima no trabalho de casa e nos reparos a serem feitos. O lar passa a ser o lugar onde é seguro despender menos esforço, e consequentemente nos desligamos de tudo. O tempo com as pessoas queridas torna-se semelhante a uma refeição feita no sistema *drive-through* na estrada. Lembramo-nos do hambúrguer, mas nem tanto.

Crie mais espaço em branco em casa, e a vivacidade de cada momento com a família e os amigos vai aumentar. É como nos filmes em que o efeito de câmera lenta é usado para prestarmos um pouco mais de atenção. As pausas estratégicas entrelaçadas com sua vida pessoal lhe informam repetidas vezes como se fosse um lembrete sussurrado: "Isto é importante", "Isto é importante".

Sem permissão para parar

O que dificulta o equilíbrio, no entanto, é que não nos permitimos aceitá-lo sem culpa. Imagine que você é Kim, a vice-presidente de operações de uma divisão dirigida por um lutador de luta-livre antiquado. Você conhece um daqueles sujeitos que, se usasse uma camiseta, escreveria nela estes dizeres: "Dor é a fraqueza abandonando o corpo". Velejar é o que Kim mais ama no mundo, e seu tio lhe pede que veleje de tempos em tempos em seu barco. Quando está descalça nas tábuas, segurando a corda áspera, ela pensa: *Minha vida parece completamente perfeita neste momento.* Essa sensação de entusiasmo sustenta-a durante dias, alimentando cada aspecto de sua vida (dica: inclusive do trabalho).

Um dia, quando seu tio a convida para um pequeno passeio de barco às 4 horas de uma quinta-feira, Kim cerra os dentes. Ela deseja muito aceitar o convite, mas tem pavor de sair naquele horário. Poderia trabalhar das 7 às 15 horas, ela pensa, ao negociar com seu crítico interior. Significa trabalhar um dia inteiro, ela tenta se convencer, mas desaparecer às 3h15 em um dia útil da semana faz seu estômago revirar. Pensar em sentir prazer, com o vento batendo em seus cabelos, sentindo o gosto do sal e, talvez, — ah, bom demais — tomar uma cerveja gelada enquanto seus colegas estão trabalhando? Não, ela se sentiria culpada demais.

Vamos destrinchar este caso. Ela realmente sente culpa ou é vergonha disfarçada de culpa? Kim tem visto muitos colegas se sentirem publicamente envergonhados por buscar equilíbrio e sanidade em seu departamento. Ela se lembra de uma ocasião específica na qual seu chefe madrugador estava a postos às 6h30 e sua colega chegou às 7 horas, sendo recebida com estas palavras: "Ah, perdeu a hora?".

Há uma explicação adicional para o desconforto de Kim. É difícil ser uma pessoa realizada e que sabe se cuidar, mas convive com colegas que não possuem essa mesma característica. Se você trabalha todos os dias com um colega solteiro "sem tempo para namorar", ou com um pai que não assiste a um jogo sequer da Little League,[4] como pode gozar a vida enquanto eles estão cada dia mais perto de obter uma licença por invalidez causada por estresse?

Quero contra-atacar sua culpa com fatos. Pessoas equilibradas trabalham mais, têm melhor desempenho nas equipes, tiram menos licenças para tratamento de saúde e possuem capacidade mais aguçada para tomar decisões.[5] Numerosos

4 Torneio americano de beisebol para crianças de 11 a 13 anos de idade. [N. do T.]

5 Johari, Johanim; Tan, Fee Yean; Zulkarnain, Zati Iwani Tjik. Autonomy, Workload, Work-Life Balance and Job Performance among Teachers. **International Journal of Educational Management** 32, n. 1, ago. 2018: 107-20. Disponível em: https://doi.org/10.1108/ijem-10–2016–0226. Sexton, J. Bryan et al. The Associations between Work-Life Balance Behaviours, Teamwork Climate and Safety Climate: Cross-Sectional Survey Introducing the Work-Life Climate Scale, Psychometric Properties, Benchmarking Data and Future Directions. **BMJ Quality & Safety** 26, n. 8, 2016: 632–40. Disponível em: https://doi.org/10.1136/bmjqs-2016–006032. Antai, D. et al. A "Balanced" Life: Work-Life Balance and Sickness Absence in Four Nordic Countries. **International Journal**

estudos confirmam isso. Pessoas equilibradas chegam a inspirar seus colegas de equipe, mártires do trabalho, abrindo um caminho na selva rumo à liberdade, usando o poder da conformidade positiva. Pessoas equilibradas não almejam perfeição. Tratam o equilíbrio como se fosse o mercado de ações, cientes de seus altos e baixos, mas não se deixam abater com as flutuações. Acreditam corretamente que têm permissão para aproveitar a vida e ter seu espaço em branco. Isso não é pouca coisa porque algo está sempre nos chamando, no trabalho ou em casa.

Tente fazer uma pequena experiência. Sente-se no sofá e diga a si mesmo que merece não fazer absolutamente nada durante dez minutos. Ponha os pés para cima e respire fundo. Em seguida, ouça como sua casa *explode* de vida como um filme animado. Você vai começar a ouvir ordens para realizar diferentes tarefas em sua casa. As calhas pedem que você as limpe. Os pratos pedem que você os lave. O armário pede que você o organize. Esse coro aumenta o volume até arrancar você do sofá segurando-o pelo colarinho, e você começa a *trabalhar*. E são apenas vozes de objetos inanimados! Quando os humanos em carne e osso se juntarem à cacofonia de pedidos, você vai correr em seis direções antes de perceber o que está acontecendo.

Você não acredita na permissão básica de parar. Eu gostaria de ter o poder de lhe conceder essa permissão. Se houvesse uma poção mágica para lhe oferecer, eu rastejaria de joelhos para pegá-la. O máximo que posso fazer é dizer-lhe: "Eu, Juliet Funt, mãe imperfeita e empresária imperfeita, dou a você permissão para parar".

of Occupational and Environmental Medicine 6, n. 4, jan. 2015: 205-22. Disponível em: https://doi.org/10.15171/ijoem.2015.667. Steege, Linsey M. et al. Exploring Nurse Leader Fatigue: A Mixed Methods Study. **Journal of Nursing Management** 25, n. 4, 2017: 276-86. Disponível em: https://doi.org/10.1111/jonm.12464.

Sem permissão para se sentir satisfeito

Precisamos também de permissão para sair do jogo "comparar e desesperar", pois ter o mesmo padrão de vida da família de Fulano de tal baseia-se em inverdades e rouba o seu espaço em branco. Digamos que você more perto de uma família com uma dívida enorme no cartão de crédito. Eles não anunciam o fato com uma tabuleta no jardim. Tudo o que você vê do lado de fora da casa é o carro novo e as roupas chiques. Mas qual é o preço que eles estão pagando? Essa é outra forma de "primeira impressão" e pode destruir totalmente nossa sensação de contentamento.

Nunca vemos a verdade das finanças das outras pessoas, nem mesmo do casamento e das parcerias que fazem, embora o conhecimento desse fato nos deixe aliviados quando nossos relacionamentos são complicados. Lembro-me de uma vizinha ruiva e muito elegante que sempre saía de casa com o filho de um ano para receber o marido na volta do trabalho. Ele era diretor de artes de uma grande empresa de publicidade em Los Angeles. Ela fazia o filho dar um aceno desajeitado com a mãozinha e depois curvava o corpo para beijar o marido no belo conversível marrom com a capota arriada. E não era um beijo rápido. Se eu estivesse atravessando um dia difícil no casamento, ficaria com essa imagem gravada na mente, algo que os budistas chamam de "sofrimento da comparação", considerando péssima a minha realidade.

Ela abandonou o marido quando o bebê completou 2 anos de idade.

Nunca sabemos o que acontece depois que as portas se fecham, mas com certeza seria bom saber, porque poderíamos aliviar a tensão dentro de nós. Eu gostaria de comprar um ônibus adaptado ao estilo *hippie*, pintado com um arco-íris, e viajar pelo país em uma turnê filantrópica chamada "Baixe a bola". Com um megafone na mão, eu reuniria os grandes empresários em estacionamentos e pátios escolares e, com motivação, os incentivaria a tentar praticar um pouco de mediocridade benevolente e exibi-la com orgulho. Pediria às elegantes donas de casa que deixassem todas as camas desarrumadas e postassem fotos delas. Forçaria o cara "sarado" da academia a comer um *donuts* (ou dois) em público para que todos vissem (e, se possível, com geleia pingando na camisa dele). Faria aquele casal tranquilo e pacato da casa ao lado *perder totalmente a paciência* com os filhos no meio do supermercado, mesmo que só por uma vez.

Poderíamos, então, *descansar*. Descansar sabendo que a imperfeição humana da qual nos envergonhamos é parte inegável e absoluta de cada um de nós. Esse alívio começa quando subjugamos a versão pessoal dos ladrões do tempo. Quando os ladrões roubam nossa maleta de trabalho e nos seguem até nossa casa, eles se manifestam de formas um pouco diferentes:

- A motivação nos diz que precisamos acumular muitas riquezas e exibir uma boa quantidade de bens materiais que impressionem os outros.
- A excelência nos diz que nada é suficiente: nem o condicionamento físico, nem os cuidados com a casa, nem as façanhas das crianças, nem a perfeição dos pais, nem o trabalho voluntário, nem o passatempo.
- A informação nos diz que devemos saber tudo sobre notícias, esportes, eventos culturais e as últimas tendências para nos sentirmos atualizados.
- A atividade nos diz que, quanto mais esprememos as noites e os fins de semana, mais realizamos e mais contribuímos, mais pontos conquistamos no final do jogo da vida.

Para silenciar esses impostores, precisamos voltar às perguntas simplificadoras. Não importa se somos pessoas isoladas, casais, amigos ou família, elas podem dirigir nossa atenção ao que interessa, permitindo-nos escolher novas prioridades. Longe do trabalho, podemos perguntar a nós mesmos:

> *"Há alguma coisa da qual eu possa abrir mão?"* para nos ajudar a questionar e reexaminar atividades pós-escolares, compromissos de voluntariado, amizades que sugam energia, lições e projetos pessoais, eliminando as que não são importantes.
>
> *"Onde 'bom o suficiente' é bom o suficiente?"* para nos ajudar a afrouxar com amor o padrão pelo qual fazemos tudo em casa e a retrucar o perfeccionismo motivador que pode nos exaurir em nosso tempo de folga.
>
> *"O que eu preciso saber realmente?"* para nos ajudar a examinar a quantidade de informações, pesquisas e detalhes de que necessitamos em nossa vida pessoal.
>
> *"O que merece minha atenção?"* para nos ajudar a focar com mais rigor nas pessoas e atividades que amamos genuinamente.

Não esqueça as versões "nós/nosso" das perguntas, que podem ser usadas por um casal ou pela família inteira. As perguntas nos levam de volta ao filtro importantíssimo: *Este tempo está sendo bem aproveitado?* Se conseguir revisar a reprodução minuto após minuto de sua vida e sentir que essa frase descreve uma porcentagem razoável de seus dias, você venceu. Se ainda não, as perguntas são seu veículo.

Destronando nossos aparelhos eletrônicos

Durante uma festa de casamento em Boston, um de meus clientes sentou-se no bar acima do salão de baile, vendo os parentes dançando, tomando champanhe e parabenizando o casal. Seu olhar foi atraído para duas mesas adjacentes. Em uma, ele viu os avós conversando, rindo, se tocando e contando histórias. A vida era borbulhante para eles, porque festejavam a companhia um do outro. Na mesa ao lado, ele viu sua filha pré-adolescente com cinco amigas. Ninguém falava nada. Não se entreolhavam. Todas estavam de cabeça baixa olhando para uma bolha particular de catatonia autoinduzida. Ombros curvados. Olhos vidrados. A disparidade entre as duas mesas deixou-o extremamente preocupado. A maioria de nós, pais, sente o mesmo. Mas, para ser sinceros, deveríamos estar tão preocupados com nossa perda de atenção quanto com a de nossos filhos.

Meus filhos diziam que eu me tornei militantemente reativa a respeito das telas em consequência dessa preocupação. A onipresença delas parece uma ameaça explosiva todos os dias e me aborrece muito. Na verdade, vou contar o que penso realmente (já estamos íntimos o suficiente). Acho que se o Diabo quisesse nos destruir, ele não escolheria nivelar a raça humana em um único sopro de fogo. Não há poesia nem graça nisso. Acho que ele saborearia nossa derrocada criando algo tão sensual, tentador, hipnotizante e sedutor que, aos poucos, todos nós deixaríamos de falar uns com os outros e, como sociedade, sucumbiríamos com a morte da intimidade.

Tenho certeza de que essa coisa é meu iPhone.

Minha intensa aversão baseia-se na autoproteção. Minha postura superconsciente contra as telas origina-se somente de minha sensação de suscetibilidade pessoal e impotente a elas. Tenho fortes tendências à compulsão. Posso cair na compulsão da tela e ter de lutar para sair. Como muitos limites impostos em torno de coisas que intimidam, admito que meus limites aqui podem ser desajeitados e minimizam as muitas vantagens de nossos aparelhos eletrônicos. Mas as telas também me fazem sentir mais solitária do que sou capaz de dizer. Sentada no banco durante as aulas de caratê das crianças, ao lado de cada pai ou mãe, avô ou avó e cuidador com a cabeça enterrada em vários aparelhos eletrônicos, *presente mas ausente*.

A pergunta sempre surge: "Estamos (estou) romantizando o passado?". Quando voltamos a atenção para os dias antes dos *smartphones*, será que estamos distorcendo a lembrança de liberdade mental e conectividade familiar que existia? Talvez. Por ser filha de Allen Funt, minha história é mais exagerada ainda que a da maioria. Na casa em que cresci havia 11 aparelhos de televisão. Televisão na cozinha, no banheiro (como nos hotéis de luxo) e nos quartos. Onze lugares para nos desligar da realidade no momento que escolhêssemos. A mãe de minha melhor amiga vivia o tempo todo com um telefone fixo amarelo-limão encostado na orelha. Passava o dia inteiro torcendo aquele fio e falando sobre o casamento da vizinha, receitas e seus programas favoritos. O pai de minha amiga não agia de modo diferente. Lia silenciosamente o jornal na hora do café da manhã da família — um vulto atrás do jornal.

É verdade. Sempre houve meios de se afastar do momento — afastar-se dos livros para ver televisão ou para folhear uma revista. De fato, acho que a humanidade foge do momento presente desde o início dos tempos. Adão, no jardim do Éden, provavelmente se distraia do cenário e da serenidade ao seu redor para calcular quantos frutos as árvores produziriam ou criar armadilhas rudimentares para serpentes. Cleópatra sem dúvida esforçava-se para prestar atenção nos longos relatórios em forma de rolo de seus generais, mas desviava a atenção para aplicar sombra nos olhos ou escrever cartas de amor para Marco Antônio. Porém, nunca chegou perto do que ocorre hoje com as telas, ou seja, com nossos aparelhos eletrônicos portáteis, sempre ligados, sempre à mão.

As redes sociais passaram a ser o teste definitivo. Para livrar-me de sua atração, em 2008 excluí minha conta no Facebook e perdi 634 "amigos". Na época, a exclusão de uma conta provocava uma sequência de *slides* em câmera lenta das pessoas que você estava abandonando. Rostos sorridentes foram cobertos com textos variados que diziam: "Katie vai sentir sua falta." "Ted vai sentir sua falta." Para vencer esse obstáculo final e apertar a tecla "delete", você precisa estar disposto a isolar-se de muita gente. Eu me isolei e ganhei dez anos de tranquilidade.

Foi assim até 2018, quando em uma comemoração do Dia de Ação de Graças na casa de meu tio recebi uma mensagem de texto de meu irmão dizendo simplesmente: "Lamento muito pelo Russel". É uma mensagem terrível de ser recebida. Liguei e fui informada de um sofrimento de seis meses em razão de um câncer. O sofrimento havia terminado e eu nunca soube de nada. Eu amava Russel como um segundo pai, mas ele se afastara lentamente nos primeiros anos após o nascimento consecutivo de três filhos. O Facebook era o único meio usado para informar sua condição e sua morte. Perdi a oportunidade de levar-lhe comida feita em casa, ler para ele e dizer adeus. Porque eu havia excluído o Facebook, o que me deixou completamente arrasada.

Temos de encontrar o meio-termo. Encontrar alguma forma de separar alguns contatos em nossos canais sociais, mas sem nos perder no processo. Há uma pergunta simples e muito conhecida que pode nos ajudar: "O que eu preciso saber *realmente*?".

As telas têm a finalidade de melhorar a vida, não de substituí-la. Para nos proteger de seu domínio, temos de fazer uma pausa estratégica, olhar para o impacto que estamos vivendo agora e visualizar como ter equilíbrio. Temos de definir o tempo que passamos diante das telas, estabelecer limites para nós e nossos filhos, e obedecer a essa determinação. É um trabalho difícil, implacável, mas é também o único caminho, e o único que vale a pena. Você vai descobrir que cada passo dado para se afastar das telas e seguir em frente na vida será recheado de valor, de presença e de voltar a ter uma conexão clara com você e com os outros.

O espaço em branco dos pais

Dois grupos de pais podem ler esta parte do livro: os que têm filhos pequenos e estão tentando maximizar os momentos de presença e tranquilidade com eles — ou compartilhar o espaço em branco com eles — e aqueles que têm filhos crescidos ou quase crescidos.

Depois de conversar muitos anos com pais e mães, estou ciente de que os pais do segundo grupo podem sentir arrependimento quando pensam no modo como estiveram, ou não estiveram, totalmente presentes na vida dos filhos. Um dia, quando estivermos com uma taça de vinho na mão, vou abrir meu coração para vocês e contar todos os meus erros como mãe. Vamos rir e chorar e vocês se sentirão melhor. Até lá, quero dizer o seguinte: se não houve pausas estratégicas suficientes quando seus filhos adultos estavam crescendo, o processamento dessa perda não deve ser minimizado.

No entanto, nunca é tarde demais para melhorar, curar e intensificar relacionamentos por meio de pausas estratégicas em conjunto. Chame seus filhos. Surpreenda-os. Planeje uma viagem ou alguns dias de férias em casa para passarem juntos e inclua muitos espaços em branco não programados. É possível que os relacionamentos estejam rompidos de maneira irremediável, porém a maioria não está, porque os filhos estão fundamentalmente ligados a nós pelo amor. Desabafe com eles e mostre arrependimento. Essa sinceridade, bem como a vulnerabilidade que a acompanha, é quase sempre o ingrediente principal da receita de reconexão.

No entanto, se seus filhos estão em pé de guerra e prontos para sair de casa, espero convencer você de que a pausa estratégica pode mudar radicalmente a sensação de ser pai ou mãe, bem como os resultados de como os filhos foram criados. Nesse ínterim, você vai ter de controlar o que um professor meu chamava de "violência sutil do autoaperfeiçoamento".

O aprendizado ao longo da vida é uma busca admirável. Porém, cada vez que descobrimos algo que em precisamos nos esforçar para melhorar, o nosso eu anterior se apresenta com grande nitidez e mostra nossos pontos de imperfeição. Essa experiência produz vulnerabilidade quando se trata da criação de filhos, porque os riscos são maiores que em qualquer outra coisa. Vá com calma. Esforce-se por ser um pai ou mãe com 1% a mais de espaço em branco do que você era antes.

Vamos começar quando você tinha um bebê nos braços — com as três palavras transformadoras de vida que eu gostaria de ter escrito em cada parede de minha casa:

Xixi é estéril.

Brincadeira. Estas são as três verdadeiras:

Faça uma pausa.

Desde o início, a pausa estratégica aplicada à criação de filhos é um ato de generosidade e autoajuda. Com ela, nós, adultos, nos acalmamos, recuperamos a energia e aproveitamos aqueles momentos extraordinariamente extraordinários que são nossa única recompensa. Como no dia em que meus filhos pequenos foram ao meu encontro na porta de casa usando aventais e com um liquidificador de brinquedo nas mãos, dizendo que estavam fazendo uma "pinta colada"[6] para mim.

Use a pausa para estar exclusivamente com seus filhos. Sente-se no chão da cozinha e veja-os brincando de enfiar morangos nas pontas dos dedos. Em vez de gritar pedindo que parem, rasteje com eles em direção a um pequeno espaço em branco disfarçado. Sente-se perto dos mais velhos enquanto eles se ocupam de coisas da adolescência e seja completamente acessível. Sua total atenção é tudo o que eles desejam.

[6] Em vez de *piña* colada, uma bebida feita com rum, leite de coco e suco de abacaxi. [N. do T.]

Para nossos filhos, a pausa estratégica permite que o sistema nervoso deles relaxe, que o brilho da criatividade deles floresça, e os ensina a ter uma mentalidade sem afobação que eles vão carregar dali em diante. O espaço em branco em casa é um lugar onde você pode meditar sobre a pergunta principal: "Qual é a pressa?".

O fisiologista infantil Jean Piaget viajou pelo mundo falando sobre as fases bem definidas do desenvolvimento da criança. Uma pergunta lhe foi feita repetidas vezes, mas, conforme ele notou, em apenas um país. Ele começou a chamá-la de "pergunta dos americanos", que evidentemente era: "Existe alguma forma de acelerar as fases?". O pai ou mãe que adota o espaço em branco deixa que todas as fases ocorram naturalmente e abre mão da preocupação a respeito da corrida para o amadurecimento. Quando os filhos pronunciam uma palavra de forma errada, não conseguem controlar as emoções ou decepcionam nossas expectativas adultas de mil maneiras, podemos fazer uma pausa estratégica, evitar corrigi-los e lembrar a nós mesmos que não podemos arrancar uma planta que ainda está no estágio inicial.

O pai ou mãe que adota o espaço em branco também faz uma tentativa planejada de reduzir a programação dos filhos. Para muitas crianças, cada momento da vida é programado. A sequência vai desde esportes, prática de música, jantar, deveres de casa até a hora de dormir — tempo de inatividade não faz parte do vocabulário deles. Os filhos com mais idade vivem constantemente atarefados para acompanhar um sistema vinculado à faculdade que é o de "ser vitorioso" nas provas do vestibular. Às vezes me pergunto se eles têm a mínima ideia do que realmente amam fazer.

Tive uma cliente que se opôs a essa tendência e disse ao filho de 6 anos de idade que as atividades do dia após as aulas estavam canceladas para que ele "pudesse passar um pouco de tempo no quintal". O menino olhou para ele com uma das sobrancelhas levantadas e perguntou: "Pra fazer *o quê*?".

A maioria das crianças deveria estar mais entediada. Muito entediada. Sem rumo, cansadas de revirar os olhos até se *aprofundarem dentro de si mesmas* para descobrir algo que lhes desperte interesse. O tédio faz as crianças atravessarem com dificuldade o lamaçal preocupante de ficar a sós com elas próprias e sair do outro lado fortalecidas.

Meu sonho de espaço em branco para seus filhos pode ser resumido nos planos que tenho para meus três homenzinhos. Espero que eles experimentem os sentimentos bons e sutis da vida sem ter de buscar um estímulo vibrante o tempo todo. Espero que se deixem levar por uma paixão e dancem a esmo com ela até perderem as forças. Espero que adquiram a energia e a força que se originam do descanso apropriado, para que possam despejá-las no trabalho quando assim o desejarem. E que o espaço em branco que tiverem durante o dia na fase adulta da vida não os deixe ansiosos, mas lhes dê a sensação de segurança no "castelo do tempo" de cada um deles.

Aprendendo a ser alegre

Sempre tive uma noção simples do significado da vida para mim: levar a alegria a nós mesmos e aos outros. Essa diretriz facilita minhas escolhas a respeito dos planos para um dia, uma semana ou um ano. Creio que devemos prestar um serviço proativo onde for possível e depois nos entregar de corpo e alma ao prazer verdadeiro e desenfreado — viagem, esporte, sensualidade, comida, pessoas, natureza, crianças ou tentar coisas novas. Misturar os ingredientes de nossa receita de bolo perfeita para a vida — e lamber a tigela inteira.

No entanto, aquilo que nos causa alegria pode ser surpreendente. O número de pessoas que se descrevem como "muito felizes" atingiu o auge em 1957 quando a área de uma casa comum era de pouco mais de 83 metros quadrados. Hoje a dívida dos cartões de crédito dos Estados Unidos atingiu 1 trilhão de dólares. Ficamos tão perdidos ao procurar aquilo que pensamos que nos dará alegria que não encontramos o caminho de volta.

Muitas vezes, é a pausa que nos faz retornar ao palco com alegria.

Talvez devêssemos tomar emprestado o conceito italiano de *dolce far niente*, traduzido literalmente como "a doçura de não fazer nada" ou "ociosidade sem preocupação". É mais estranho para muitos de nós que aqueles beijos, um de cada lado do rosto, mas algo maravilhoso para experimentar e ver se ele se adapta a nós. Sentar-se em uma cafeteria e deixar que os pensamentos voem enquanto suas mãos seguram uma xícara de *latte* quente. Pessoas observando e inventando enredos sobre coisas estranhas. Atirar pedras sem culpa no riacho borbulhante de seus pensamentos, de um lado a outro, atravessando um rio para ir a lugar nenhum. *Ociosidade deliciosa.* A partir daí, podemos então passar para atividades alegres que são "adjacentes ao espaço em branco": ler ficção, ouvir música, pintar, cozinhar como recreação, ter uma ótima conversa ou construir um trenzinho. Ficar perdidos em nós mesmos nestes tempos em um passatempo de verdade é um luxo destinado a reis — uma janela para a alegria.

Alegria, meus queridos, é o *motivo* pelo qual criamos o espaço em branco em casa. Construímos vácuos convidativos dentro dos quais fazemos fluir dois tipos de prazer: "alegria elevada" (experiências que fazem você suspirar) e "alegria profunda" (experiências que chegam até o estômago e aquecem você). Experiências de alegria elevada incluem surpresa, risco, paixão, fisicalidade, empenho. Experiências de alegria profunda incluem amizade, gratidão, prazer sensorial, doação, paz e orgulho. Com todas as coisas admiráveis que você faz, quero ter certeza de que busca e respeita de forma egoísta e fervorosa esses dois aspectos gêmeos da alegria, porque *esse é o objetivo final de enfrentar todo o resto.* Observe. Concentre-se. E dê-lhe um nome.

Isso é alegria.

Agarre-a com a família, agarre-a na natureza, especialmente nos momentos da chegada. É comum e triste ver que, ao alcançar um patamar ou objetivo, temos a tendência de passar apressadamente por cima dessas conquistas a 150 quilômetros por hora e rejeitá-las com excessiva humildade. Mas eu lhe pergunto: qual é o motivo de trabalhar tanto se quando chega lá você não dança de alegria como o Snoopy e perde o momento de gritar: "Um viva para mim!"?

Tenha aquele momento da chegada. Pare no final da caminhada difícil, aprecie a vista e cumprimente-se. Sinta-se grato pelas pernas que o levaram até lá. Sinta-se um felizardo por ter conhecido o homem no depósito de gás que lhe falou sobre a trilha. Sente-se na companhia dos pássaros e das nuvens por alguns momentos antes de se perguntar se agora você poderia fazer uma caminhada mais longa, mais difícil e de alto desempenho. Faça uma pausa estratégica para senti-la durante todo o caminho.

Não perca o passeio

Sempre que necessito realinhar minhas prioridades, trago à memória uma ocasião anos atrás quando estava ministrando um *workshop* em St. Louis. Depois da sessão, avistei uma de minhas cenas repetidas e favoritas, que tenho presenciado ao longo de minha carreira — uma pessoa paciente que tinha algo particular para me contar e aguardava a fila dos apertos de mão terminar. O que aquela mulher compartilhou comigo me comoveu tanto que eu a abracei, mas, apesar de ter contado a história dela a centenas de milhares de pessoas, eu nunca soube o nome dela.

Ela me contou que um dia, num fim de semana, quando era menina, seu pai lhe disse: "Vamos fazer um piquenique e levar a mamãe, e depois vamos dar um belo passeio no campo à moda antiga". Eles prepararam sanduíches de presunto e queijo e limonada e disseram à mamãe: "Vamos conosco". Mas, por estar fazendo um milhão de coisas, a mãe disse: "Sinto muito, estou atarefada, mas divirtam-se". Eles foram e fizeram exatamente isso — divertiram-se bastante. Passearam até o sol se pôr.

O pai morreu dois dias depois.

E pelo resto da vida sua mãe falou daquela escolha. "Eu perdi o passeio", ela resmungava com tristeza de vez em quando.

Fazia muito tempo que eu não compartilhava essa história com alguém. Um dia, enquanto eu digitava em meu *notebook*, sentada à mesa de minha cozinha, meu marido estava no jardim com nossos dois filhos, de 2 e 4 anos de idade, ambos nus, cada um com uma mangueira na mão, lavando o carro. Meu marido enviou-me uma mensagem de texto, dizendo: "Venha até aqui para ver este momento maravilhoso". Respondi: "Sinto muito. Atarefada". *E então a história me veio à mente.* Levantei-me tão rapidamente, nervosa demais por perder aquela cena, que derrubei a cadeira na correria.

Muitas pessoas realizadas percebem tarde demais que perderam o passeio, mas *nunca* é tarde demais para aproveitar o passeio de amanhã. É mais ou menos assim:

Qual a melhor época para se plantar uma árvore?

Vinte anos atrás.

Qual é a segunda melhor época?

Hoje.

Seja qual for essa "coisa" para você — família, trabalho, viagem, passatempo —, o espaço em branco entrelaçado ao seu dia lhe permitirá correr até lá. Faça uma breve pausa estratégica, levante-se rapidamente e deixe a cadeira tombar no chão.

PARE UM MINUTO PARA PENSAR... NA VIDA LONGE DO TRABALHO

LEMBRE-SE:

- Êxito profissional não substitui felicidade, conexão pessoal e significado de vida.
- Muitas pessoas sentem, ao longo do tempo, intenso arrependimento por terem trabalhado demais. Esse arrependimento pode ser evitado se você dedicar mais espaços em branco a seus queridos e suas paixões.
- Os ladrões do tempo — motivação, excelência, informação e atividade — apresentam-se no lar em nosso modo competitivo e compulsivo de fazer as coisas, comparando e controlando tudo.
- Para ter uma vida plena no lar, você precisa destronar seus aparelhos eletrônicos para apresentar aos outros aquilo que é mais importante.
- Se você é pai ou mãe, nunca é tarde demais para desacelerar, prestar atenção e compartilhar o espaço em branco com seus filhos.
- Não perca o passeio.

LEMBRE-SE:

- "O que eu preciso agarrar neste momento antes de deixar escapar?"

EPÍLOGO: NO SOPÉ DA MONTANHA DE CALCÁRIO

Os ventos do trabalho exaustivo estão uivando do lado de fora —, mas aqui, neste lugar, só você e eu estamos diante de uma lareira crepitante, tendo *marshmallows* com chocolate ao nosso dispor. Podemos voltar repetidas vezes a este lugar de paz.

Vamos terminar como começamos, com esperança intensa e persuasiva em um futuro promissor nos negócios no qual você pode separar com muito orgulho *um minuto para pensar*. Vai ser difícil contra-atacar o *status quo*. Vai ser difícil lembrar que o espaço em branco está à sua disposição. Mas agora você tem tudo de que precisa para dar a si mesmo os presentes simples da permissão e da conscientização. Antes de usar a primeira dica ou ferramenta, a permissão para pausas e a conscientização de suas escolhas oxigenarão sua vida e seu trabalho. Quero fazer-lhe um último pedido e contar-lhe mais uma história. Não se trata de um segredo, mas algo que eu estava esperando o momento certo para contar.

Durante toda a escrita deste livro, meu marido e eu estávamos numa viagem que fazemos há vários anos com nossos três filhos para educá-los por meio do processo chamado *Worldschooling* — isto é, usar a viagem como foco principal da educação deles.[1] Já passamos de quatro a seis semanas por

1 Várias organizações e comunidades apoiam o movimento *Worldschooling*. No meio de nossa viagem descobrimos estes recursos maravilhosos e dependemos deles:

vez em Kauai, Vermont, Havana, Florença, França, Croácia, Bali, Myanmar, Malásia, Nova Zelândia e outros lugares ao longo do caminho. Substituímos os estudos sociais e livros de exercícios por lições de violão, culinária, sustentabilidade, pensamento crítico, nutrição, administração financeira, caligrafia e *hip-hop*.

O tema de alimentar o fogo acompanhou-me por todos os lugares: em um casamento balinês onde havia fumaça demais, quando pensei que ficaria cega; em uma fazenda da Nova Zelândia, vendo cordeiros brincando literalmente enquanto eu atiçava a lenha do fogão para me manter aquecida em meu estúdio de trabalho; na Tailândia, onde permanecemos em uma casa de campo simples cujo proprietário era um botânico francês chamado Pierre com suas filhinhas loiras e extremamente carinhosas. Comemoramos juntos a passagem do Ano-Novo com fogueira, bastões luminosos e bolo de abacaxi. Quando pensei que seria o abraço de boa-noite, Luna, de 8 anos, segurou minha mão e disse: "Vamos dançar em volta da fogueira antes de dormir?".

Essa viagem não foi tão fácil em termos bidimensionais como o Instagram nos faz acreditar. Foi extremamente trabalhosa e misturada com muitas bênçãos. Foi difícil nos adaptar a viver na estrada. (Tradução: nenhuma noite para namorar... nenhuma — e um adolescente que não conseguia fugir de seus irmãos mais novos sem ser visto, nem eles dele, nem um do outro.) Tivemos de aprender a dirigir nossa empresa com 15 fusos horários de distância e incluir a função de agente de viagem em tempo integral à nossa programação, que já era pretensiosa. Trocamos nossa zona de conforto por camas duras, banhos frios, velocidade da internet que fazia até os homens adultos chorarem de desespero e duas pessoas entre as cinco

https://worldschoolfamilysummit.com e https://pearceonearth.com.

da família infectadas com vírus transmitidos por mosquitos, apesar dos mosquiteiros.

Foi uma experiência fascinante durante a qual escrevi este livro em um cenário memorável após o outro: no campo à beira do rio em Toscana; em uma sacada, ouvindo abaixo alguns turistas russos discutindo na Croácia; enquanto observava os patos andando com dificuldade pelos campos de arroz em Bali.

Quando iniciei o último capítulo sobre a vida longe do trabalho, estávamos em Ao Nang, na Tailândia, um lugar de beleza natural deslumbrante. Gigantescas montanhas de calcário chamadas *karsts* projetam-se do oceano e formam a mais surreal e espetacular topografia. O sol se põe todas as noites com tonalidade semelhante à dos flamingos e ilumina as nuvens por um breve momento.

Um dia, decidi dar um passeio de *tuk-tuk* (uma aventura dentro de uma espécie de táxi a céu aberto sem cinto de segurança). Com o *notebook* na mochila, meu destino era o Ao Nang Coffee Club, *a 3 metros de distância do local onde estacionamos.* O melhor caminho para percorrer aqueles 3 metros era simplesmente andar até lá. Eu já estava de frente para a porta do café. Mas meu corpo, tão arraigado a um hábito que não necessitava incluir o cérebro, decidiu fazer uma pausa estratégica.

Virei-me e vi os barcos de cauda longa cruzando o mar de Andamão ao sol, enfeitados com guirlandas de fita com desejos de boa sorte e flores amarradas na proa. Parei apenas por alguns momentos antes de dar meia-volta e seguir rumo ao meu destino. Aquela pausa, porém, foi *tudo*. Aquela pausa me alicerçou em gratidão e presença. Juro que ela mudou minha maneira de trabalhar interiormente.

Para mim, aquela pequenina pausa e seus muitos aparentados mudaram a sensação de estar viva. Melhoraram minha liderança e minhas escolhas. São também minha apólice de seguro de que não vou olhar para trás nem deixar de aproveitar a vida. Esse é o poder do elemento ausente quando ele desliza livremente no decorrer do dia. O poder do espaço em branco permite que nosso peito, comprimido há tanto tempo, se expanda finalmente com o oxigênio necessário.

Espero que *nesta* viagem que fizemos juntos você tenha sentido que foi ligado a um novo mecanismo, no qual seu eu otimista pensa: *Isso é possível para mim*. Espero que imagens aparentemente aleatórias tenham surgido em sua mente durante a leitura — você em seu estado mais calmo possível, com um largo sorriso no rosto e *arrasando* no trabalho. Prometo-lhe que esse espaço em branco — assim que você se acostumar com ele, assim que ele estiver alojado em suas células — lhe será útil de forma confiável, como virar o vento em sua direção para refrescá-lo ou virar o sol em sua direção para aquecê-lo.

Você verá como a pausa continua a
expandir-se,
surpreender
e suprir.
É o que desejo para você.

AGRADECIMENTOS

Quando você está escrevendo um livro, as pessoas o advertem a respeito de um sofrimento iminente, mais doloroso do que o que as mães enfrentam quando tentam falar sobre o parto na época da gravidez. Os autores compartilham histórias de guerra sobre "escrita tortuosa", "venda estressante" e "lançamento devastador". Prometi a cada pessoa que se dispôs a ajudar-me que o processo deste livro seria alegre e, quando o estresse chegasse, mudaríamos nossas escolhas para reprimi-lo. E foi o que aconteceu. Encorajada por uma quantidade incrível de amor, inteligência e apoio ao meu redor, escrever este livro foi muito divertido.

A ajuda que recebi foi imensa. Não sou capaz de me lembrar do número de vezes que alguém me cutucou (às vezes com força) para eu abandonar uma ideia à qual estava presa para tornar melhor este livro. Na verdade, sem a enorme influência externa eu ainda estaria tentando escrever um livro.

Um agradecimento a Henry Cloud, que encenou uma intervenção no livro para me livrar de minhas apreensões e depois me intimidou durante a proposta a ser considerada. Ao meu magnífico agente David Doerrer, que, desde o primeiro *e-mail*, acolheu este livro com comprometimento e entusiasmo eletrizantes. David, você fez de cada etapa deste processo um conto de fadas empolgante, regado com um Prosecco.

Sou grata à minha editora na HarperBusiness, Stephanie Hitchcock, e à minha editora *plus* Hollis Heimbouch, que se tornou minha editora oficial e me acompanhou até o fim. Eu soube imediatamente que vocês eram "as únicas". Sou muito grata pelo apoio de vocês, por aturarem meu perfeccionismo com delicadeza e por seu zelo pela escrita verdadeira e busca pela beleza da linguagem escrita e falada. A Brian Perrin, Rebecca Raskin e a toda a equipe interna da Harper Business, que mostraram ter essa perspicácia no processo de publicação.

A Faceout Studios e Alan Jazak pelas ilustrações perfeitas e pela capa lindíssima. Ao maravilhoso Clint Greenleaf, a Charlie Fusco, a Rusty Shelton e a toda a equipe da Zilker Media, que garantiram que os benefícios deste livro fossem divulgados ao mundo.

Obrigada a todos os leitores que gastaram seu tempo precioso para comentar, questionar e aconselhar. Quero fazer um agradecimento especial aos meus clientes corporativos e pertencentes a associações, que confiaram na importância de nossa mensagem e a compartilharam amplamente em suas organizações. A toda a equipe de Makarora: Pete, Janine, Mike, James, Grant e Cash — vocês realizaram o sonho de uma escritora de sentir-se em casa mesmo estando longe de casa. E a todos os baristas curiosos que me encorajaram dizendo: "Você está escrevendo um livro? Que legal!".

Meu agradecimento a Rory Vaden, que trouxe novas ideias sobre os elementos visuais e o foco central do livro. A todos os meus amigos autores e executivos que torceram por mim e me deram apoio e estratégia da maneira mais generosa possível, principalmente Dan Pink, Seth Godin, Michael Bungay Stainer, Ozan Varol e Guy Kawasaki, e a todos os outros que colaboraram depois que esta página foi finalizada. Agradeço também a todos os influenciadores e apresentadores de *podcast* que escolheram colocar nosso trabalho em destaque, principalmente Donald Miller e Craig Groeschel. Agradeço aos nossos queridos amigos da Global Leadership Network, que me apoiaram generosamente de todas as maneiras possíveis. Agradeço a Samantha Eddy e aos acadêmicos, entrevistados e pesquisadores que me ajudaram com seus conhecimentos e a todas as pessoas cujas histórias, citações ou entrevistas fazem parte da estrutura deste livro.

Agradeço à minha dedicada equipe do Juliet Funt Group — principalmente a Jamie Frayer, Jarek Swekosky e Alyssa Vukovic. Se vocês não tivessem mergulhado no trabalho de modo tão competente enquanto eu "desaparecia" em meus retiros para escrever, este livro seria uma sombra dele próprio.

Tenho uma dívida enorme com minha brilhante consultora editorial Janet Goldstein, cuja inteligência e cujos *insights* se encaixam com perfeição — exatamente no ponto em que os meus terminam — em qualquer tópico. Janet foi simplesmente a parceira ideal — divertida e brava, inteligente e agressiva, das formas mais perfeitas possíveis. (Você precisaria disso para lidar comigo.) Sou muito grata por seu brilhante comprometimento com a estrutura e por nunca desistir de nossa promessa de deixar que esta experiência fosse leve, calma e gratificante.

E, finalmente, aos meus quatro garotos de olhos azuis. A Lorne Resnik, com quem me casei, e a Jake, Alex e Nick, os três que produzimos. Jake, tão sábio, que me faz rir, rir e rir. Alex, com um entusiasmo inestimável e extremamente contagiante pela vida. Nick, cuja natureza carinhosa e curiosa é uma delícia infinita. O apoio e o amor de vocês são, e sempre serão, tudo de que necessito. E a meu nobre cavaleiro, Lorne, você está sempre presente, estendendo a toalha para o piquenique de minha felicidade, pelo que sou muito agradecida. Não foi fácil passar horas longe de vocês para realizar este projeto, mas cada um de vocês entendeu de verdade o que a alegria criativa significava para mim. Sou muito grata pela maneira como todos vocês foram persistentes, me aplaudiram e nunca pararam de dizer: "Excelente!" após cada ideia e capítulo que eu compartilhava com vocês, mesmo que não fossem tão excelentes assim.

Esta obra foi composta em *Adobe Caslon Pro*
e impressa por Promove Artes Gráficas sobre papel
Chambril Avena 70 g/m² para Editora Hábito.